Lerncoaching in der Schule

Lerncoaching in der Schule

Praxishilfen für Lehrkräfte

von

Gustav Keller

HOGREFE

GÖTTINGEN · BERN · WIEN · PARIS · OXFORD · PRAG
TORONTO · BOSTON · AMSTERDAM · KOPENHAGEN
STOCKHOLM · FLORENZ · HELSINKI · SÃO PAULO

Dr. Gustav Keller, geb. 1950. Studium der Psychologie. Promotion zum Dr. phil. Langjährige Tätigkeit als Schulpsychologe, Psychologischer Schulberater, Supervisor, Lehrerfortbildner.

Bibliografische Information der Deutschen Nationalbibliothek
Die Deutsche Nationalbibliothek verzeichnet diese Publikation in der Deutschen Nationalbibliografie; detaillierte bibliografische Daten sind im Internet über http://dnb.dnb.de abrufbar.

Göttingen · Bern · Wien · Paris · Oxford · Prag · Toronto · Boston
Amsterdam · Kopenhagen · Stockholm · Florenz · Helsinki · São Paulo
Merkelstraße 3, 37085 Göttingen

http://www.hogrefe.de
Aktuelle Informationen · Weitere Titel zum Thema · Ergänzende Materialien

---

Umschlagabbildung: © a2bb5s – Fotolia.com
Satz: Mediengestaltung Meike Cichos, Göttingen
Druck: Hubert & Co, Göttingen
Printed in Germany
Auf säurefreiem Papier gedruckt

Print: ISBN 978-3-8017-2638-6
E-Book-Formate: ISBN 978-3-8409-2638-9 (PDF), ISBN 978-3-8444-2638-0 (EPUB)
http://doi.org/10.1026/02638-000

Inhalt

1 Einleitung

Überfüttert die Schüler nicht mit Fischen, sondern bringt ihnen das Angeln bei.

Gregory Bateson

Im Zuge der Erneuerung des Schulunterrichts gewinnt das Lerncoaching zunehmend an Bedeutung. Man hat erkannt, dass Lernen ein individueller Prozess ist, für dessen Gelingen unterrichtliche Stoffvermittlung zwar eine notwendige, aber keine hinreichende Bedingung ist. Deshalb bedarf es zusätzlich der individuellen Lernförderung. Damit beginnt auch ein Wandel der traditionellen Lehrerrolle. Die Lehrkraft wird „vom Wissensvermittler zum Lernbegleiter“ (Eschelmüller, 2008).

Warum Lerncoaching zu einer schulpädagogischen Kernaufgabe werden muss und welches Grundkonzept diese neue Förderform beinhaltet, wird in den Kapiteln 2 und 3 dargelegt. Wie der Lerncoaching-Prozess gestaltet wird, welche Grundhaltung der Coach einnehmen muss und welche Förderprinzipien zu beachten sind, vermittelt das Kapitel 4.

Lerncoaching ist kein Fachunterricht auf der Mikroebene, sondern eine spezielle Lernförderung durch die Vermittlung von Motivations- und Lernstrategien. Wie sie praktiziert werden kann, ist zentraler Inhalt des Kapitels 5.

Wenn von diesem neuen Instrument der Lernförderung die Rede ist, wird unweigerlich die Frage nach der Wirksamkeit gestellt: Verbessert Lerncoaching das Lernverhalten und die Lernleistungen? Eine Antwort darauf gibt das Kapitel 6.

Um zu verhindern, dass blindlings drauflosgecoacht wird, ist das Kapitel 7 der Frage gewidmet, welche Grenzen beim Lerncoaching zu beachten sind.

Das Buch wird mit einem Glossar der wichtigsten Fachbegriffe und mit einer Zusammenfassung hilfreicher Motivations- und Lerntipps beschlossen.

Abschließend sei darauf hingewiesen, dass Lerncoaching in der deutschsprachigen Schullandschaft noch keine einheitliche Angebots- und Umsetzungsstruktur aufweist. Deshalb hängt seine Realisierung weiterhin von länderspezifischen Regelungen und schulinternen Gestaltungsspielräumen ab.

2 Notwendigkeit des Lerncoachings

Zentrales Ziel des Schulunterrichts ist es, dass die Schülerinnen und Schüler lernen. Darunter versteht man den „Erwerb von Kompetenzen, wie sie in den Bildungsstandards beschrieben sind“ (Helmke, 2009, S. 234). Deshalb wird die Unterrichtsqualität vor allem daran bemessen, ob die erwarteten Leistungen tatsächlich erreicht werden.

Dass der Wissens- und Kompetenzerwerb zu wünschen übrig lässt, wird aus den regelmäßigen Leistungsmessungen ersichtlich. Zum einen zeigen schon die Klassenarbeiten und Abschlussprüfungen, dass die Schulleistungen zwischen den Schülern beträchtlich variieren. Zum anderen weisen die flächendeckend und jahrgangsbezogen durchgeführten Vergleichsarbeiten und Lernstandserhebungen, die Ländervergleiche des Instituts zur Qualitätsentwicklung im Bildungswesen (IQB) sowie die internationalen Schulleistungsstudien (IGLU, PISA, TIMMS) auf gravierende Ist-Soll-Diskrepanzen beim schulischen Lernen hin (Bos et al., 2012a, 2012b; Pant et al., 2013; Prenzel et al., 2013). Die Schülerinnen und Schüler, deren Kompetenzen Optimalstandards entsprechen, befinden sich in der Minderheit. Und der Anteil jener Lernenden, die unter dem Mindeststandard liegen, ist teilweise beängstigend groß.

Dass die Lernpotenziale der Schülerinnen und Schüler nicht zufriedenstellend ausgeschöpft werden, zeigen auch Studien, in denen Schulnoten mit dem Begabungsniveau verglichen werden. Dort erweisen sich nicht wenige Schülerinnen und Schüler als Underachiever. Ihnen gelingt es nicht, ihre Begabung in adäquate Schulleistungen umzusetzen. Als Ursachen kommen aus empirischer Sicht in Betracht: ineffektive Lernstrategien, Motivationsdefizite, emotionale Lernblockaden und ein negatives Selbstbild von der eigenen Lernfähigkeit (Klauer & Leutner, 2012; Sparfeldt & Buch, 2010).

Dass Lehr-Lern-Prozesse nicht optimal verlaufen, lässt sich nicht nur den Schulleistungsstudien, sondern auch aus schulepidemiologischen Analysen entnehmen. Diese werden durchgeführt, um die Verbreitung von allgemeinen und fachspezifischen Lernstörungen festzustellen

(Lauth et al., 2014a). Aus den epidemiologischen Daten lässt sich ableiten, dass bei circa 15 bis 20 % der Schülerinnen und Schüler die Lernentwicklung allgemein oder fachbezogen entweder phasenweise oder chronisch beeinträchtigt ist. Jungen sind davon stärker betroffen als Mädchen, ebenso Schülerinnen und Schüler mit bildungsferner Herkunft.

Die dargelegten empirischen Ergebnisse und Erkenntnisse weisen unstrittig darauf hin, dass der Lernertrag des Unterrichts nicht so ausfällt, wie man ihn gerne sehen würde. Auch wenn sich der Unterricht in den letzten beiden Jahrzehnten qualitativ weiterentwickelt hat, bleiben die Lernleistungen hinter den Erwartungen zurück. Ursachenanalysen lenken die Aufmerksamkeit immer stärker auf das individuelle Lernverhalten, und zwar insbesondere auf die lernstrategischen und lernmotivationalen Prozesse im Kopf der Schülerinnen und Schüler. Sie sind der wichtigste Abschnitt im Lehr-Lern-Prozess. Und sie entscheiden in starkem Maße darüber, ob aus der Vermittlung von Lernstoff ein sicher verankertes und übertragbares Wissen wird.

Es gibt Lernende, die den Lernstoff wirksam verarbeiten. Sie entsprechen dem Modell des „guten Informationsverarbeiters" (Hasselhorn & Gold, 2013). Sie verfügen über wirksame Strategien des Verstehens, der Speicherung und des Abrufs von Wissen, der Selbststeuerung und des Wissenstransfers. Sie benötigen meist keine besondere Unterstützung durch die Lehrperson oder durch außerschulische Helfer. Die Mehrzahl der Schülerinnen und Schüler tut sich jedoch mit dem Erreichen gesetzter Lernziele nicht so leicht. Aus diesem Grund stößt die unterrichtliche Wissensvermittlung immer wieder an ihre Grenzen.

Die Wirksamkeit des Schulunterrichts kann letztlich nur gesteigert werden, wenn die individuellen Lernprozesse der Schülerinnen und Schüler systematisch gefördert werden. Eine Fördermöglichkeit bietet sich direkt im Unterricht auf Klassenebene an. Das heißt, dass die Lehrperson Lernstrategien in die Stoffvermittlung einbezieht. Beispielsweise indem sie nicht nur einen Fachtext bearbeiten lässt, sondern auch Strategien der Textbearbeitung aufzeigt und einübt. Eine weitere Fördervariante ist das unterrichtsintegrierte Lern-Methodik-Training (Keller, 2005). Sein Ausgangspunkt ist die Ist-Analyse des Lern- und Arbeitsverhaltens einer ganzen Schulklasse. Die hierfür geeigneten Verfahren findet man im Trainingshandbuch. Diese Bestandsaufnahme wird in der Anfangsphase eines Schuljahres durchgeführt. Aus ihr lässt sich ersehen, wo die Schülerinnen und Schüler Lern- und Arbeitsverhaltenslücken aufweisen. Aufbauend darauf wird ein Trainingsprogramm für die Klasse entwickelt. Die Förderung selbst ist integrativer Bestandteil des Unterrichts. Das heißt, dass in enger Anlehnung an Lernsituationen und an die Stoffvermittlung Lern- und Arbeitsstrategien vermittelt werden. Diese Form des lernförderlichen Unterrichts gehört noch nicht zum Routinerepertoire der Lehrkräfte. Das ist auch eine wichtige Erkenntnis aus der „Hattie-Studie" (Hattie, 2014). Hattie zieht aus der Analyse vieler Unterrichtsstudien das Fazit, „dass es kaum direkte Anleitungen zum ‚Lernen lernen' oder das Entwickeln und Nutzen verschiedener Lernstrategien gibt" (S. 104). Außerdem bemängelt er, dass nur „sehr wenig explizite Gespräche über die Nutzung bestimmter Lernstrategien" stattfinden (S. 104).

Unterrichtliches Lernstrategietraining auf Klassenebene zeitigt zweifelsohne Wirkungen. Dies ist in Trainingsstudien immer wieder nachgewiesen worden (siehe Kapitel 6). Dennoch werden dadurch nicht alle Schülerinnen und Schüler erreicht. Will Lernförderung dauerhaft erfolgreich sein, muss es ein zusätzliches Angebot geben: das Lerncoaching. Seine Fördereffekte sind größer als die präventive unterrichtliche Lernförderung. Von dieser individualisierenden Förderung profitieren vor allem lernschwierige Schülerinnen und Schüler.

3 Grundkonzept des Lerncoachings

Das Wort „Coaching“ stammt vom englischen *coach* (= Kutsche). Dieses vom Kutscher gesteuerte Beförderungsmittel diente dazu, Passagiere zu einem Zielort zu transportieren. Daraus entwickelte sich eine übertragene Bedeutung im Bereich des Sports: das zielorientierte Betreuen, Beraten und Trainieren von Sportlern und Sportteams. Später hielt der Begriff Einzug in die angewandte Psychologie. Vor allem in der Arbeits-, Betriebs und Organisationspsychologie ist Coaching der Oberbegriff für verschiedene Beratungsverfahren, deren Ziel es ist, Führungskräfte und Mitarbeiter bei der Erreichung beruflicher und persönlicher Ziele zu begleiten.

Der Begriff „Lerncoaching“ ist jüngeren Datums. Er wurde Ende der neunziger Jahre an der Universität Kiel von den Pädagogen Uwe Hameyer und Waldemar Pallasch kreiert. Er begann sich im ersten Jahrzehnt des 21. Jahrhunderts zunächst im Weiterbildungsbereich und neuerdings auch im Schulwesen zu verbreiten. Oft ist synonym auch von Lernberatung die Rede. Ganz deckungsgleich sind beide Begriffe meines Erachtens dennoch nicht. Der Unterschied liegt darin, dass im Begriff „Lerncoaching“ der Aspekt der Begleitung stärker zum Ausdruck kommt.

Zur Frage, was unter Lerncoaching zu verstehen ist, gibt es inzwischen eine ganze Reihe von Definitionen. Die gängigsten werden im Folgenden aufgeführt:

„Wir verstehen (Lern)Coaching als einen Prozess, bei dem ein Trainer, eine Beraterin durch Anregungen, Ermutigungen, Feedback im Rahmen strukturierender und moderierender Aktivitäten einen einzelnen Lernenden oder auch eine Lerngruppe unterstützt, persönliche Anliegen und Fragen zu klären sowie Veränderungsmöglichkeiten auszuloten und zu erproben. Charakteristisch hierbei ist eine größtmögliche Eigeninitiative und Eigenverantwortung der Lernenden. Bei diesem Entwicklungsprozess, der durch den Coach gefördert wird, sollen Schwachstellen und/oder Entwicklungspotentiale, insbesondere bezogen auf die eigene Lernmotivation und das individuelle Lernverhalten, besser, effektiver und nachhaltiger wahrgenommen, geklärt und in zieldienliche Lösungen umgesetzt werden" (Beck & Birkle, 2004).

„Lerncoaching fokussiert und unterstützt insbesondere die Lern- und Verstehensprozesse der Schüler" (Eschelmüller, 2008, S. 24).

„Lerncoaching unterstützt und begleitet personales, gruppales und organisationales Lernen auf vereinbarter Basis in geeigneten Lern- und Beratungssettings durch Methoden induktiver Beratung und Intervention mit dem Ziel, Aufgaben, Probleme, Situationen und Herausforderungen beim Aufbau und bei der Erweiterung von Lernkonzepten, Selbstmanagement und Wissensorganisation bewältigen zu können" (Pallasch & Hameyer, 2008, S. 113).

„Lerncoaching ist eine spezifische Beratungsform, die auf die Optimierung von Lernprozessen gerichtet ist … Das zentrale Thema im Lerncoaching ist das individuelle Lernen und darin die Passung zwischen Lerner und Lerngegenstand … In erster Linie bezieht sich Lerncoaching auf die Ebene der Lernprozesse und weniger auf die Ebene der fachlichen Inhalte" (Nicolaisen, 2013, S. 14 f.).

„Lernberatung (Lerncoaching) heißt, Lernende in der Nutzung von Lernstrategien und der Optimierung ihrer Handlungskontrollen zu unterstützen. Der Grundsatz der Selbststeuerung gilt auch für die Lernberatung. Das heißt, die Hilfe zur Selbsthilfe richtet sich darauf, die Kontrolle und Steuerung des Lernprozesses durch den Lerner (wieder) herzustellen. Lernberatung ist nicht nur auf die Bearbeitung von Lernproblemen ausgerichtet, sondern unterstützt Lernende darin, ihre Potenziale auszuloten und ggf. neue Zielperspektiven für sich zu entdecken. Die Selbstregulation strukturierenden Schritte werden auch auf die Lernberatung übertragen; d. h., es werden Ziele definiert und Vereinbarungen getroffen, wie der Prozess der Umsetzung beobachtet und wie die Ergebnisse einer Reflexion bewertet werden können" (Liedtke-Schöbel et al., 2013, S. 37).

„Lerncoaching wird … als eine spezielle Form der Beratung betrachtet und im Bereich der pädagogisch-psychologischen Beratung angesiedelt … Ziel des Lerncoachings ist, den Lernenden dazu zu befähigen, seinen Lernprozess selbstregulierend zu steuern, um effektiver und zufriedener zu lernen. Lernende müssen aktiv am Lernprozess beteiligt sein und den Lernstoff begreifen, damit ihr Wissen anschlussfähig ist und nicht als ‚träges Wissen' verkommt. Dazu gehört, dass Lernende Verantwortung für ihren eigenen Lernprozess übernehmen. Der Lernende soll sich und sein Lernen besser wahrnehmen sowie verstehen, um seinen Lernprozess entsprechend seinen Bedürfnissen reflektiert und bewusst zu lenken" (Hardeland, 2013, S. 9).

In den verschiedenen Definitionen kommt klar zum Ausdruck, dass Lerncoaching nicht auf das Schließen von Stofflücken durch Nachhilfe ausgerichtet ist. Es ist vielmehr mit dem Ziel verbunden, dem Lernenden zu einer besseren Steuerung seines Lernverhaltens zu verhelfen. Der zentrale Weg dorthin, so meine konzeptionelle Philosophie, ist die individuell zugeschnittene Vermittlung von Lernstrategien im Kontext einer motivierenden Beratungsbeziehung.

Lerncoaching erfordert erstens lernpsychologisches Grundwissen, insbesondere über die Vermittlung allgemeiner und fachbezogener Lernstrategien (Keller, 2011b; Mandl & Friedrich, 2006; Metzig & Schuster, 2009). Konkrete Inhalte und Anleitungen hierzu enthält das Kapitel 5. Zweitens sind motivationspsychologische Kenntnisse vonnöten, und zwar über die Entwicklung der Lernmotivation, über Motivationsstörungen und über Möglichkeiten der Motivationsförderung (Keller, 2011a). Drittens setzt Lerncoaching lerndiagnostische Kompetenzen voraus. Das heißt, der Lerncoach muss in der Lage sein, das Lern- und Arbeitsverhalten des Schülers systematisch zu analysieren.

Lerncoaching ist keine mechanische Weitergabe von Tipps und Techniken. Seine Wirksamkeit hängt ganz entscheidend auch von der Grundhaltung des Coaches ab. Aus Sicht der Beratungspsychologie von Carl Rogers (2010) ist deren wichtigstes Merkmal der Respekt vor der Würde des Ratsuchenden. Der Lerncoach verhält sich ihm gegenüber ungeachtet dessen Lernschwierigkeiten wertschätzend. Dies heißt nicht, dass er alles gutheißt. Ein zweites wichtiges Merkmal ist Empathie. Sie bedeutet, sich in den Schüler einzufühlen und ihn aus seiner Perspektive zu verstehen. Und drittens gehört zur Grundhaltung des Lerncoaches Echtheit. Echt ist man, wenn das Gesagte mit dem Gedachten und

Gefühlten übereinstimmt. Dies heißt jedoch nicht, dass alles, was einem auf der Zunge liegt, ausgesprochen werden muss.

Zum Erfolg des Lerncoachings trägt des Weiteren eine professionelle Förderdidaktik bei. Deshalb werden nun Grundprinzipien benannt, die sich in der Lernförderung als besonders wirksam erwiesen haben.

Positive Verstärkung

Positive Konsequenzen motivieren den Menschen dazu, ein Verhalten zu wiederholen. Wenn der Schüler in der Lerncoaching-Sitzung motiviert mitarbeitet und übt, wenn er über Lerntransfers berichtet oder wenn er sich in einem Fach leistungsmäßig verbessert hat, sollte man ihn hierfür loben. In der lernpsychologischen Fachsprache spricht man auch von positiver Verstärkung (Edelmann & Wittmann, 2012).

Wer das Lern- und Arbeitsverhalten durch Lob verstärken möchte, muss offene Augen für auch noch so kleine Änderungsschritte haben und einige Grundregeln beachten. Erstens sind die Worte dem Alter und dem Verhalten angemessen. Zweitens wird nicht zu häufig, sondern in Intervallen verstärkt. Drittens erfolgt die Verstärkung nicht zu spät, sondern möglichst im Anschluss an das positive Verhalten. Viertens wird sie echt und ehrlich zum Ausdruck gebracht. Und fünftens wird sie auf die Persönlichkeit des Schülers zugeschnitten. Letzteres setzt voraus, dass man die Bedürfnisse, Vorlieben und Einstellungen des Schülers kennt.

Zusätzlich zur verbalen Verstärkung bieten sich noch andere Verstärkungsformen an. Wenn der Schüler nach einem Lernerfolg mit einer Wunschtätigkeit belohnt wird, nennt man dies Aktivitätsverstärkung. Möglich ist es auch, dass der Schüler mit seinen Eltern einen Verhaltensvertrag abschließt. Dieser könnte so formuliert werden, dass er für nachhaltige Leistungsfortschritte in einem Problemfach sich etwas wünschen darf.

Positive Verstärkung ist nach wie vor das Motivierungsmittel, das in der Aufbauphase des Lern- und Arbeitsverhaltens am meisten wirkt.

Es darf jedoch nicht versäumt werden, diese extrinsische Motivierung zugunsten einer intrinsischen, selbststeuernden zu reduzieren.

Ermutigung

Es gibt Schülerinnen und Schüler, die durchaus anstrengungsbereit sind, aber aufgrund von ständigen Misserfolgserlebnissen das Vertrauen in die eigene Leistungsfähigkeit verloren haben. An dieser demotivierenden, entmutigenden Grundstimmung sind nicht selten Kommentare von Lehrern, Eltern und Mitschülern beteiligt. Besonders schädlich sind jene, die ihnen suggerieren, es mangele ihnen an Fähigkeiten.

Wenn der Schüler in einer Misserfolgsserie steckt, muss jeder Kommentar sorgsam überlegt werden. Insbesondere dann, wenn es sich um eine sensible Persönlichkeit handelt. Was er jetzt braucht, ist Ermutigung. Ermutigung erfordert viel Einfühlungsvermögen. Sie bedeutet zunächst einmal, dass er in der Situation des Versagens vom Lerncoach Verständnis, Unterstützung und Hilfe erhält. Schon allein die Frage „Wie kann ich dir helfen?“ kann für den Misserfolgsschüler ein wichtiges Signal sein. Will man ihm wirksam helfen, reicht eine punktuelle Ermutigung jedoch nicht aus. Hinzu kommen muss eine kontinuierliche emotionale Aufbauarbeit. Das heißt, dass jeder positive Ansatzpunkt zu würdigen ist. Dieser ist schon in schlechten Klassenarbeiten zu finden, wenn man sich darum bemüht, nicht nur die Löcher im Käse zu sehen, sondern auch das Gute drum herum (Schweizer-Käse-Prinzip). Und es müssen Erfolgsgelegenheiten geschaffen werden. „Für ein entmutigtes Kind ist schon der kleinste Erfolgsbeweis ein starkes Antriebsmittel, denn es hat selten Erfolg gehabt und ist überzeugt, dass es nie so weit kommen würde“ (Dreikurs et al., 1983, S. 80).

Entscheidend bei der weiteren Aufbauarbeit ist, dass jede Note, die besser ist als die vorherige, gewürdigt wird. Eine Vier statt einer Fünf sollte nicht nur am Klassendurchschnitt, sondern an der bisherigen individuellen Leistungsentwicklung gemessen werden. Wichtig ist auch, dass die Leistungsverbesserungen dem Schüler als Lohn seiner Anstrengung und als Beweis seiner Fähigkeiten vor Augen gehalten werden. Denn die Gefahr ist immer noch da, dass der misserfolgsorientierte Schüler die bessere Note auf den Zufall oder geringere Schwierigkeitsgrade zurückführt und somit das negative Selbstbild erhalten bleibt.

Geduld

Geduld ist das beherrschte Ertragen von etwas, das lange braucht, um gut zu werden. Geduld ist das Gegenteil von Ungeduld bzw. von der Unfähigkeit warten zu können.

Wer die Lernmotivation und das Lernverhalten fördern möchte, braucht Geduld. Sie lassen sich selten von heute auf morgen wirksam verändern. Ihr jetziger Zustand ist über einen langen Zeitraum hinweg entstanden. Und um das zu werden, was sie sein sollten, benötigen sie viel Entwicklungs- und Änderungszeit.

Die Motivations- und Lernentwicklung ist eine zielkonstante Schnecke und kein aufgeregtes Känguru. So gelingt es dem unselbstständigen Schüler erst allmählich, Übungs- und Hausaufgaben weitgehend allein zu machen. Er muss lernen, richtig zu starten, den Ablauf zu planen, den Stoff gründlich zu verarbeiten, Aufgaben schrittweise zu lösen, Ablenkungen zu beseitigen, sich selbst zu kontrollieren oder Nachschlagewerke zu benutzen. Genauso viele Etappen sind notwendig, bis man von der Fünf in einem Kernfach wegkommt. Es dauert einige Zeit, bis Stoffrückstände geschlossen sind, Lernstrategien optimiert werden und sich in kleinen Schritten die Noten bessern.

Im Prozess der Motivations- und Leistungsänderung ist der Lerncoach ein geduldiger Berater und Begleiter. Geduld darf jedoch nicht mit Gewährenlassen verwechselt werden.

Konstruktive Kritik

Zeigt der Schüler keine Änderungsbereitschaft und setzt er vereinbarte Ziele nicht um, ist Grenzziehung in Form von Kritik angesagt. Kritik sollte im Lerncoaching jedoch sparsam verwendet werden. Denn je häufiger und massiver Kritik geäußert wird, desto stärker wird die Beziehung zum Schüler gestört. Folge davon kann sein, dass das Vertrauen zerbricht und das Selbstwertgefühl Schaden nimmt.

Schüler sind dann bereit, Kritik anzunehmen, wenn aus der Botschaft eindeutig hervorgeht, dass die Kritik sich auf das Fehlverhalten bezieht und diesem angemessen ist. In diesem Fall spricht man von konstruktiver Kritik. Wird der Schüler durch die Kritik als Person geringschätzt, handelt es sich um eine destruktive Kritik. Dagegen wohnt der konstruktiven Kritik eine nicht verdammende Grundakzeptanz inne. Ihre Botschaft lautet: „Ich mag dich weiterhin, aber ich mag dein Fehlverhalten nicht.“ Die destruktive Kritik kränkt die Person und erzeugt Lernblockaden.

Die Annahme konstruktiver Kritik wird erhöht, wenn sie mit einem Teillob verknüpft wird (Roth, 1983). Wenn ein Schüler ein paar Lernphasen zuvor gut mitgearbeitet hat, momentan aber demotiviert ist, könnte die konstruktive Kritik lauten: „Ich würde mich freuen, wenn du in der heutigen Coaching-Sitzung genauso gut mitarbeiten würdest wie in der letzten.“

Übungsorientierung

Der Akzent des Lerncoachings darf nicht auf der Vermittlung von Lernwissen in Form von Ratschlägen liegen. Lernstrategien, so meine jahrzehntelangen Beratungserfahrungen, lassen sich letztlich nur über praktische Übungen aneignen. Dies deckt sich mit den Erkenntnissen Galperins (1983), der in seinen Studien nachweisen konnte, dass sich geistige Operationen und Strategien letztlich durch die systematische Verinnerlichung äußerer Handlungen herausbilden. Das heißt: Wer Schülern zu einer wirksameren Lernweise verhelfen möchte, darf nicht nur instruieren, sondern muss ihnen in enger Anlehnung an aktuelle Stoffbeispiele und Situationen Strategien vermitteln. So lässt sich das Prinzip der schrittweisen Zielerreichung nur verstehen und aneignen, wenn am Beispiel einer bevorstehenden Klassenarbeit das portionierte

Vorbereiten erprobt wird. Oder die Erkenntnis, dass Lernstoff mehrkanalig aufgenommen werden sollte, ist nur vermittelbar, wenn sie beispielsweise über praktische Lernaufgaben (z. B. Übung zum mehrkanaligen Vokabellernen) erworben wird.

Damit diese Handlungserfahrungen zum strategisch-methodischen Wissen werden, müssen sie im Anschluss an die Übungen reflektiert werden. Der Lernende muss unter Anleitung des Lerncoaches darüber nachdenken, warum der eben beschrittene Lernweg den Lernprozess erleichtern, steuern und verbessern half. Ihm wird zum Beispiel klar, dass ein über die Zeit verteiltes Lernen wirksamer ist als massiertes Lernen. Oder er erkennt, dass sich Vokabeln durch mehrkanaliges Einprägen besser behalten lassen als durch einkanaliges. Darüber hinaus sollte der Schüler seine Erkenntnisse und Erfahrungen auch mithilfe von Begriffen versprachlichen. Am Ende eines solchen Lernprozesses hat der Schüler ein Lerntool erworben, das er in späteren Lernsituationen spontan und selbstständig anwenden kann.

Das Kapitel 5 enthält zahlreiche Übungen, die den einzelnen Motivations- und Lernstrategien zugeordnet sind. Sie haben sich in der praktischen Lernförderung und Lernberatung bewährt. Manche Übungen können direkt in der Einzel- oder Gruppensitzung durchgeführt werden. Andere eignen sich als Trainingsaufgaben außerhalb der Coaching-Sitzungen.

4 Struktur und Ablauf des Lerncoachings

Lerncoaching ist eine zeitlich begrenzte, individuelle Förderung des Lern- und Arbeitsverhaltens. Ziel ist es, dass der Lernende sich selbst steuert, Vertrauen zu sich selbst gewinnt und den Lernstoff wirksamer verarbeitet. Auf dem Weg dorthin ist der Lerncoach Ansprechpartner und Begleiter. Die Lernexpertise, die der Schüler dadurch erwirbt, soll ihn auch zur selbstständigen Bewältigung von Lernschwierigkeiten befähigen.

Um dem einzelnen Schüler wirksam zu helfen, müssen im Schulalltag Lerncoaching-Angebote geschaffen werden. Optimal wären Förderstunden, die im Stundenplan offiziell ausgewiesen sind. Bei der Organisation dieses Förderservice ist darauf zu achten, dass für den Start in ein Lerncoaching 1 bis 2 Schulstunden zur Verfügung stehen. Man spricht von einer initiierenden Intensivberatung. Folgekontakte erfordern erfahrungsgemäß nicht mehr denselben Aufwand wie die Erstberatung. Sie können oft in Form von Kurzberatungen stattfinden.

Vor dem Beginn des Lerncoachings ist dafür zu sorgen, dass dieses in einer störungsfreien Umgebung stattfindet. Möchte man mit dem Schüler ins Gespräch kommen, ist eine Aufwärmphase vonnöten. Man begrüßt ihn freundlich und schafft eine emotionale Atmosphäre, die einen angstfreien Ausdruck von Gedanken und Gefühlen ermöglicht.

Der nächste Schritt ist die Erfassung des aktuellen Leistungsbildes. Der Schüler berichtet ehrlich, wo er in den einzelnen Fächern notenmäßig steht und wie die Leistungsentwicklung seit dem Schuljahresbeginn verlaufen ist. In der Regel wissen die Schüler ihre Noten und kennen ihre Stärken und Schwächen, weshalb nur in Zweifelsfällen eine Validierung durch eine Kollegenbefragung notwendig wird. Außerdem wird danach gefragt, ob der Leistungsstand den Eltern bekannt ist, in welcher Form sie am Lernprozess des Schülers Anteil nehmen und wie sie Lernschwierigkeiten und schlechte Noten kommentieren.

Wenn der Leistungsstand erhoben ist, folgt die Lerndiagnose. Im Kontext eines pädagogischen Lerncoachings besteht ihr Hauptziel darin, die Lernmotivation und die Lernstrategien des Schülers zu erfassen. Ohne Analyse dieser wichtigen Lernvoraussetzungen ist die „Erarbeitung geeigneter Interventions- bzw. Fördermaßnahmen" kaum möglich (Hesse & Latzko 2011, S. 12).

Um genaueren Aufschluss über die Lernmotivation und Lernstrategien zu erhalten, wird eine Lernbefragung durchgeführt. Da für die coachende Lehrperson nur begrenzte Beratungszeit zur Verfügung steht, ist eine rationelle und strukturierte Vorgehensweise angebracht. Hierfür eignet sich entweder die Lerncheckliste oder das Lerninterview (siehe S. 30ff. und S. 32). Um Zeit zu sparen, kann man dem Ratsuchenden die Lerncheckliste vor dem Ersttermin aushändigen und ihn darum bitten, diese in die Coaching-Sitzung ausgefüllt mitzubringen.

Die Lerncheckliste ist ein Selbsteinschätzungsbogen, der 25 motivations- und lernstrategische Aussagen enthält. Man kann sie auch als Zielverhaltensweisen bezeichnen. Das Selbsteinschätzungsverfahren liefert diagnostische Informationen zu folgenden Bereichen:

- Strategien der Lernmotivation,
- allgemeine Lernstrategien,
- fachbezogene Lernstrategien.

Der Schüler muss auf der fünfstufigen Antwortskala ankreuzen, wie häufig die jeweilige Aussage auf ihn zutrifft (1 = nie, 2 = selten, 3 = manchmal, 4 = häufig, 5 = immer). Aus der angekreuzten Zahl lässt sich somit ersehen, wie weit der Schüler von der jeweiligen Zielverhaltensweise entfernt ist. Um besser zu erkennen, wo die Stärken und Schwächen liegen, kann man die einzelnen Ankreuzungen miteinander zu einer Linie verbinden. Diese Darstellung nennt man Lernstrategieprofil.

Vor der Anwendung dieser Checkliste wird der Schüler gebeten, sein Lern- und Arbeitsverhalten ehrlich zu beurteilen. Das heißt, er muss es so einschätzen, wie es momentan tatsächlich ist, und nicht, wie es sein sollte. Die Selbsteinschätzung weist den Weg zur Verhaltensänderung. Der Schüler muss Zielverhaltensweisen, die er nur mit „manchmal", „selten" oder „nie" angekreuzt hat, künftig häufiger zeigen. Zu ihrer

Aneignung und Förderung eignen sich die in Kapitel 5 dargestellten Strategien und Übungen. Nach dem Lerncoaching kann man die Checkliste ein halbes Jahr später zur Erfolgskontrolle anwenden und einen Vorher-Nachher-Vergleich durchführen.

Eine Alternative oder Ergänzung zur Lerncheckliste ist das Lerninterview. Es ist ein halbstandardisiertes Befragungsgespräch mit offenen Fragen, das der Lerncoach mit dem Schüler in der ersten Coaching-Sitzung führt. Ebenso wie die Lerncheckliste orientiert es sich an der Inhaltsstruktur des Kapitels 5. Mithilfe des Gesprächsleitfadens erhält der Lerncoach einen fundierten Einblick in das Motivations- und Lernstrategierepertoire des Schülers. Wichtig ist, dass der Lerncoach die Inhalte des Kapitels 5 genau kennt.

Der Lerncoach richtet die Fragen in der Reihenfolge des Leitfadens in verständlicher und freundlicher Sprache an den Schüler. Sie müssen nicht wortwörtlich gestellt werden. Versteht der Schüler eine Frage nicht, kann man sie bedeutungsgleich verständlich machen. Die Antworten auf die Fragen werden stichwortartig mitgeschrieben. Damit der Schüler dadurch nicht irritiert wird, erklärt man ihm zuvor, dass auf der Grundlage der Mitschrift für ihn ein hilfreiches Lernprogramm entsteht.

Der Lerncoach darf das Antwortverhalten des Schülers nicht dahingehend beeinflussen, dass er ihm Aussagen suggestiv in den Mund legt. Er darf aber Beispiele und Verdeutlichungen einfordern. Ebenso sind Stoppsignale erlaubt, wenn der Schüler abschweift. Keinesfalls angebracht ist es, schon im Lerninterview Tipps zur Verhaltensänderung zu vermitteln.

Bevor der Lerncoach dem Schüler das lerndiagnostische Eindrucksbild zurückmeldet, kann er Ergänzungsfragen stellen, die dem Schließen von Verständnislücken dienen. Dies wird dann häufig der Fall sein, wenn als Befragungsinstrument lediglich die Lerncheckliste eingesetzt wird. Ist beispielsweise die Konzentrationssteuerung in der Lerncheckliste als sehr problematisch eingeschätzt worden, können die Zusatzfragen lauten: „Wie lange kannst du dich beim häuslichen Lernen konzentrieren? Wie lange im Unterricht? Was lenkt dich ab?“

Liegt eine ausreichende Informationsbasis vor, fasst der Lerncoach seine Eindrücke in Form eines lerndiagnostischen Feedbacks zusammen. Wenn er Defizite beschreibt und mitteilt, geschieht dies einfühlsam und ermutigend. Die Akzeptanz wird positiv beeinflusst, wenn er Schwächen als „Noch-Nicht-Stärken" bezeichnet.

Nach dem diagnostischen Feedback wird der Schüler gefragt, ob es seinem Selbstbild entspricht. Treten Diskrepanzen auf, müssen diese geklärt werden. Anschließend findet die Änderungsplanung statt. Der Lerncoach formuliert zusammen mit dem Schüler Änderungsziele und erläutert ihm die entsprechenden Zielverhaltensweisen. Diese ergeben den Änderungsplan. Was darunter konkret zu verstehen ist, zeigt das folgende Beispiel.

Änderungsplan

- *Frühzeitige und schrittweise Vorbereitung von Klassenarbeiten:* Vorbereitungsplan, in dem festgelegt ist, wann welche Stoffportionen durchgearbeitet werden.
- *Vokabeln gründlicher einprägen:* Laut lesen und schriftlich prüfen, ob sie fehlerfrei wiedergegeben werden können.
- *Mathematische Lösungsverfahren sicher beherrschen:* Übungsaufgaben schriftlich trainieren.
- *Texte gründlich bearbeiten:* Nicht nur lesen, sondern Wichtiges in Form einer Mind Map zusammenfassen und mithilfe von Fragen kontrollieren, ob man den Textinhalt verstanden und gespeichert hat.

Manche der empfohlenen Zielverhaltensweisen können während der Coaching-Sitzung praktisch veranschaulicht und geübt werden. So kann man den Schüler Vokabeln lernen oder einen Lerntext bearbeiten lassen (siehe Kapitel 5). Diese Art der Handlungsorientierung fördert das Instruktionsverständnis und den Lerntransfer. Darüber hinaus bieten die Lernübungen auch erste ermutigende Erfolgsgelegenheiten.

Um sicherzustellen, dass der Änderungsplan im Lernalltag umgesetzt wird, wird ein Lernvertrag abgeschlossen (Vorlage siehe S. 33). In diesem werden der Änderungsplan, Unterstützungsmaßnahmen sowie Ort und Zeitpunkt der Änderungsbilanz schriftlich festgehalten. Wird auf einen solchen Kontrakt verzichtet, wächst die Gefahr der Unverbindlichkeit und Folgenlosigkeit. Verhaltensverträge verbessern nachweislich die Wirksamkeit der Lernförderung (Bellingrath et al., 2014).

Am Ende des Beratungsgesprächs fragt der Lerncoach den Schüler, wie er das Beratungsgespräch empfunden hat und was für ihn hilfreich war. Abschließend formuliert er einen motivierenden Schlusskommentar und verabschiedet ihn freundlich.

Notwendig und erfolgsförderlich ist es, dass die Eltern und die Mitglieder des Klassen-Lehrerteams den Lernvertrag zu sehen bekommen. Sie erfahren somit konkret, auf welchen Änderungswegen der Schüler seine Änderungsziele erreichen möchte und wie sie ihn dabei unterstützen sollen. Falls die Eltern zusätzliche Informationen wünschen, stehen ihnen folgende Kommunikationswege offen:

- E-Mail,
- Telefongespräch,
- Elternsprechstunde.

Die Hauptstrecke der Änderungsarbeit ist die Umsetzung des Änderungsplans ins individuelle tägliche Lernen. Während dieser Zeit reguliert und reflektiert der Schüler seinen Änderungsprozess selbst. Er nimmt seine Änderungsziele bzw. seinen Änderungsplan jeden Tag in den Blick und beantwortet am Ende eines Lerntages folgende Fragen:

- Welche Änderungsschritte habe ich unternommen?
- Was gelang gut?
- Was war schwierig?
- Was muss ich noch besser machen?

Die Antworten werden stichwortartig schriftlich festgehalten. Als Dokumentationsmittel eignet sich ein kleines Änderungsheft, das während des Lerncoachings geführt wird, oder das Lerntagebuch (siehe Kapitel 5.1.4). Letzteres ist ein Werkzeug der Selbstreflexion, das der Schüler fortlaufend verwendet. Darin können auch aus dem Lerncoaching resultierende Selbstbeobachtungen notiert werden.

Die erste Erfolgskontrolle findet nach ein bis zwei Wochen in Form eines Bilanzgesprächs statt. Der Schüler berichtet über die Umsetzung des Änderungsplans und seine aktuelle Leistungssituation. Hierzu gewährt der Schüler dem Lerncoach Einblick in sein Änderungsheft oder in sein Lerntagebuch. In solchen Zwischenbilanzen wird der Ist-Zustand mit den Änderungszielen verglichen. Der Erfolg dieses Bilanzgesprächs steht und fällt mit systematischer Ermutigung sowie der positiven Verstärkung selbst kleinster Fortschritte. Nur dadurch wird Änderungsmotivation erzeugt.

Die Bilanzgespräche müssen nicht so aufwendig sein wie das intensive Erstgespräch. Sie können den Charakter eines Pausengesprächs haben. Die Intervalle zwischen den Bilanzgesprächen sollten, wenn Lernerfolge sichtbar werden, verlängert werden. Denn Ziel der Lernberatung ist ja nicht eine Dauerbetreuung, sondern Hilfe zur Selbsthilfe.

Das eben beschriebene Lerncoaching kann als fakultativer Förderservice angeboten werden. Dabei entsteht jedoch die Gefahr, dass er von lernproblematischen Schülerinnen und Schülern nur unzureichend in Anspruch genommen wird. Will man diesen wirksam helfen, kommt man um obligatorische Angebotsstrukturen nicht herum. Eine solche könnte beispielsweise lauten, dass alle Schüler, die sich in einer Misserfolgsserie befinden und versetzungsgefährdet sind, an einem Lerncoaching teilnehmen. Wichtig dabei ist, sich hierfür mit den Eltern konsensuell abzustimmen.

Das Problem knapper Personal- und Zeitressourcen kann durch gruppales Lerncoaching partiell gelöst werden. Eine Lerncoaching-Gruppe kann dann gebildet werden, wenn in einem engeren Zeitraum mehrere Schüler, die derselben Klassenstufe angehören und ähnlich geartete Lern- und Arbeitsverhaltensdefizite aufweisen, Förderbedarf erkennen lassen. Die Förderarbeit besteht wie beim individuellen Coaching aus Lernstrategievermittlung und motivational-emotionaler Unterstützung. Auch bei dieser Förderform sollten Lehrer und Eltern über den Änderungsplan informiert und zur motivationalen Unterstützung ermutigt werden.

An einer Lerncoaching-Gruppe sollten nicht mehr als vier bis fünf Schüler teilnehmen. Nur dann ist es noch möglich, mit dem notwendigen Maß an Individualisierung zu coachen. Die Fördermaßnahme dauert mindestens fünf Wochen (pro Woche eine Sitzung). Die Gruppen-

und Gesprächsführung orientiert sich an den Grundpostulaten der positiven Verstärkung, der Ermutigung sowie der Empathie. Nur so kann ein lernförderliches Klima entstehen. Zusätzlich ist eine inhaltliche Strukturierung vonnöten, um Lernstrategien systematisch üben zu können. Hierzu bedarf es eines Trainingsplans. Dieser orientiert sich an den Lerndiagnosen und Änderungsplänen, die vor dem ersten Gruppentermin in einer Einzelsitzung erstellt werden.

Ein Großteil der Gruppenarbeit besteht aus der praktischen Einübung von Motivations- und Lernstrategien. Die Schülerinnen und Schüler werden für ihre Übungsmotivation und Übungsergebnisse verbal verstärkt und zum Transfer in die individuelle Lernpraxis ermuntert. Ebenso wie beim Einzelcoaching werden die Lernerfahrungen im Lerntagebuch dokumentiert.

Zu Beginn jeder Gruppensitzung berichten die Schüler, inwiefern es ihnen gelungen ist, ihren Lernvertrag in die Lernpraxis umzusetzen, welche Probleme dabei möglicherweise aufgetreten sind und welche Besserungen im Leistungsbereich schon sichtbar werden. Dieser Austausch ermöglicht erstens eine genauere Kontrolle des Änderungsprozesses. Zweitens trägt das Verbalisieren von Problemen zur Auflösung emotionaler Lernhemmungen bei. Und drittens erfährt der Schüler, dass er mit seinen Lern- und Leistungsschwierigkeiten nicht allein ist.

In der Abschlusssitzung wird gemeinsam bilanziert, in welchem Maße die Änderungsziele erreicht worden sind und wie sich die Schulleistungen weiterentwickelt haben. Ist bei einem Schüler der Umsetzungsprozess eher schleppend verlaufen, können zusätzliche Einzelkontakte vereinbart werden. Diejenigen Schüler, deren Bilanz positiv ausfällt, werden allein auf den weiteren „Lernweg“ geschickt. Es empfiehlt sich dennoch, zu einem späteren Zeitpunkt eine Erfolgskontrolle zu durchzuführen.

Eine weitere Form des Lerncoachings ist die situative Lernberatung im Unterricht. Hierfür geeignet sind Unterrichtsformen (z. B. Freiarbeit, Wochenplanarbeit, Projektarbeit), in denen Schüler selbst tätig sind. Haben sie in solchen Phasen Lernprobleme, begibt sich die Lehrperson individualisierend in die Rolle des Lerncoaches. Beispielsweise indem sie dem Schüler zeigt, wie man einen Textauszug herstellt, eine Lernkartei richtig benutzt oder sich den Text einer Mathematikaufgabe durch eine Lösungsskizze verständlich macht. Dies kann direkt am Schülerarbeitstisch geschehen oder an einem „Coachingtisch“ im Klassenraum.

In pädagogisch-psychologischen Fachkreisen wird die Frage, in welchem Maße und in welcher Form die Eltern in das schulische Lerncoaching eingebunden werden sollen, unterschiedlich beantwortet. Vertreter eines konsequenten systemischen Ansatzes plädieren für eine kontinuierliche Teilnahme der Eltern an den Lerncoaching-Sitzungen. Ein Großteil vertritt jedoch die pragmatische Auffassung, dass das Lerncoaching als erweiterter Teil des Unterrichts zu betrachten ist und sich hauptsächlich als Lehrer-Schüler-Interaktion vollzieht. Die Eltern sind aber über den Lernvertrag und die Coaching-Ergebnisse transparent zu informieren und zur Unterstützung des Änderungsprozesses zu motivieren. Nicht ausgeschlossen wird eine gemeinsame Gesprächsrunde Lerncoach-Eltern-Schüler, vor allem dann, wenn besonderer Klärungs- und Lösungsbedarf besteht. Ansonsten ist das systemische Beratungssetting eher für Schullaufbahnberatungen und Problemberatungen typisch, wie sie von Beratungslehrern und Schulpsychologen angeboten werden.

Der Lerncoaching-Prozess

1. Einstieg:
   - Begrüßung
   - Kontaktherstellung
   - Klärung des Zeitrahmens
2. Lerndiagnose:
   - Erfassung der Leistungssituation
   - Analyse der Lernmotivation
   - Analyse der Lernstrategien
3. Änderungsplanung:
   - Ableitung von Änderungszielen
   - Lernpraktische Übungen
   - Vereinbarung eines Lernvertrags
4. Änderungsprozess:
   - Umsetzung ins individuelle Lernen
   - Selbstreflexion mit dem Lerntagebuch
   - Zwischenbilanzen
5. Abschluss
6. Erfolgskontrolle

Fallbeispiel

Marco besucht die Klasse 8 einer Realschule. In den Klassen 5 und 6 waren seine Schulleistungen gut bis befriedigend. Im Verlauf der Klasse 7 deuten sich erste Lern- und Leistungsprobleme an. Diese treten in den ersten Wochen der Klasse 8 stärker in Erscheinung, insbesondere in Englisch (5+) und Mathematik (4 bis 5). Der Klassenlehrer beginnt aufgrund dieser Warnzeichen mit ihm ein Lerncoaching. Zunächst exploriert er mit der Lerncheckliste Marcos Lernmotivation und Lernstrategien. Diese Lerndiagnose lässt folgende Defizite erkennen:

- Marco schiebt die Vorbereitung von Klassenarbeiten auf, sodass die Zeit für eine gründliche Stoffverarbeitung nicht mehr ausreicht.
- Marco tendiert bei Klassenarbeitsvorbereitungen zu einem oberflächlichen Lernstil.
- Beim Vokabellernen und beim Mathematiklernen vernachlässigt Marco den schriftlich-übenden Lernweg.
- Im Fach Englisch versäumt es Marco, Stofflücken, die nach Klassenarbeiten sichtbar werden, durch Wiederholungslernen zu schließen.

Nach der Lerndiagnose erarbeitet der Lerncoach mit Marco einen Änderungsplan. In diesem wird konkretisiert, was der Coachee tun muss, um bessere Schulleistungen zu erzielen:

- Marco bereitet sich auf Klassenarbeiten früher vor. Er trägt in seinen Terminkalender Vorbereitungstermine ein.
- Marco lernt Vokabeln in Zukunft mehrkanalig: Lesen, Sprechen und schriftliche Kontrolle.
- Marco lernt mathematische Lösungsverfahren, indem er im Vorfeld von Klassenarbeiten intensiv Übungsaufgaben schriftlich rechnet.
- Marco wiederholt in Englisch die verschiedenen Zeiten und unregelmäßige Verben.
- Marco trägt täglich in sein Lerntagebuch ein, welche Änderungsziele er umgesetzt hat und wie gut ihm dies gelungen ist.

In dieser ersten Coaching-Sitzung leitet der Lerncoach Marco an, wie man eine Vokabelreihe mehrkanalig lernt. Außerdem zeigt er ihm, wie man den Selbstkontrollbogen führt.

Am Ende dieser Erstberatung wird ein Lernvertrag abgeschlossen. Marcos Eltern und die Fachlehrer bekommen diesen zur Kenntnis. Darin werden sie gebeten, Marco zu ermutigen und ihn auch für kleine Fortschritte zu loben.

Nach drei Wochen wird eine erste Zwischenbilanz durchgeführt. Marco berichtet über erste Erfolge:

- Englisch-Klassenarbeit: 3
- Mathematik-Klassenarbeit: 2 bis 3
- Physik-Test: 3+

Darüber hinaus zeigt er dem Lerncoach sein Lerntagebuch. Daraus ist zu erkennen, dass Marco die Vorbereitung von Klassenarbeiten früher und systematischer in Angriff nimmt, mehr Lernkanäle in das Lernen einbezieht und in Englisch das Wiederholungslernen praktiziert.

Der dritte Beratungskontakt findet vier Wochen später statt. Ein Rückfall in alte Lernschwierigkeiten hat nicht stattgefunden. In Englisch steht Marco nun auf einer sicheren Drei und in Mathematik bewegt er sich in Richtung einer Zwei.

Als sich der Lerncoach und Marco zum vierten Mal zusammensetzen, steht das Ende des Schulhalbjahres unmittelbar bevor. Marco hat sich so gut stabilisiert, dass die Warnzeichen nicht mehr „blinken". In dieser Sitzung wird auf den Änderungsweg zurückgeschaut. Es wird überlegt, was gut verlaufen ist und wo noch Änderungsbedarf besteht. Was Letzteres betrifft, spricht Marco seine Schwierigkeiten beim Lernen aus Sachtexten an. Es fällt ihm phasenweise noch immer schwer, von der Textoberfläche zur Textbasis zu gelangen. Deshalb werden nochmals Strategien der Textbearbeitung besprochen. Anhand eines Lehrbuchbeispiels übt Marco das sparsame Markieren. Er nimmt sich vor, Sachtexte künftig gründlicher auszuwerten.

In der Notenkonferenz am Ende des ersten Schulhalbjahres stellt das Klassen-Lehrerteam fest, dass Marco wichtige Besserungsschritte in seiner Lernentwicklung zurückgelegt hat. In einem Gespräch am Elternsprechtag wird dieser Eindruck von Marcos Eltern bestätigt.

Lerncheckliste					
Name:________________ Vorname:_______________ Klasse:____					
Alter:__________ Datum:_________________________					
Kreuze ehrlich an, in welchem Maße die folgenden Aussagen auf dich zutreffen.					
Lernmotivation					
	nie	selten	manch-mal	häufig	immer
1. Ich kann ohne Druck von außen lernen.	1	2	3	4	5
2. Wenn ich mich zum Lernen entschlossen habe, schiebe ich den Start nicht auf.	1	2	3	4	5
3. Einen großen Lernstoff bewältige ich schrittweise, indem ich ihn in Portionen aufteile.	1	2	3	4	5
4. Wenn ich mein Lernziel erreicht habe, belohne ich mich dafür.	1	2	3	4	5
5. Ich denke darüber nach, wie ich mein Lernverhalten verbessern kann.	1	2	3	4	5
6. Nach schlechten Klassenarbeiten vergrößere ich meine Anstrengungen.	1	2	3	4	5
7. Wenn ich ein Fach nicht mag, versuche ich, es für mich interessanter zu machen.	1	2	3	4	5
Allgemeine Lernstrategien					
8. Ich trage wichtige Schultermine in meinen Kalender ein.	1	2	3	4	5
9. Mein häuslicher Lernplatz ist übersichtlich gestaltet.	1	2	3	4	5
10. Wenn ich einen Lernstoff nicht gleich kapiere, versuche ich, ihn mir verständlich zu machen.	1	2	3	4	5
11. Lernstoff eigne ich mir über mehrere Lernkanäle (Lesen, Sprechen, Schreiben) an.	1	2	3	4	5

12. Das Einprägen schwer merkbaren Lernstoffes erleichtere ich mir durch Gedächtnisstützen (Eselsbrücken).	1	2	3	4	5
13. Ich wiederhole schwierigen Lernstoff.	1	2	3	4	5
14. Beim Lernen kann ich meine Aufmerksamkeit gut steuern.	1	2	3	4	5
15. Wenn ich einen Sachtext lese, markiere ich wichtige Begriffe oder schreibe sie heraus.	1	2	3	4	5
16. Beim Lösen von Problemen gehe ich zielgerichtet vor.	1	2	3	4	5
17. Präsentationen gelingen mir gut.	1	2	3	4	5
18. Angst vor Klassenarbeiten bekomme ich in den Griff.	1	2	3	4	5
Fachbezogene Lernstrategien					
19. Ich prüfe schriftlich, ob meine Vokabeln sitzen.	1	2	3	4	5
20. Grammatikregeln lerne ich über Beispielsätze.	1	2	3	4	5
21. Bevor ich einen fremdsprachigen Text übersetze, verdeutliche ich mir den Textsinn.	1	2	3	4	5
22. Wenn ich mir bei der Rechtschreibung unsicher bin, schlage ich nach.	1	2	3	4	5
23. Bevor ich einen Aufsatz beginne, überlege ich, welche Gestaltungsregeln zu beachten sind.	1	2	3	4	5
24. Ich überprüfe durch das Lösen von Übungsaufgaben, ob ich einen mathematischen Lernstoff verstanden habe.	1	2	3	4	5
25. Wenn ich Textaufgaben löse, überlege ich, was gegeben und was gesucht ist.	1	2	3	4	5

Lerninterview

- Wie gerne lernst du? Stelle dir eine Skala von 1 bis 10 vor. 1 bedeutet „gar nicht gern", 10 „sehr gern". Wo würdest du dich einschätzen?
- Wie bringst du dich zum Lernen?
- Was geht in dir vor, wenn du eine schlechte Note geschrieben hast?
- Wie planst du deine Lernzeit?
- Wann beginnst du, dich auf Klassenarbeiten vorzubereiten?
- Wie sieht dein häuslicher Arbeitsplatz aus?
- In welchem Zustand befinden sich deine Lern- und Arbeitsmittel?
- Was machst du, wenn du beim Lernen etwas nicht sofort verstehst?
- Wie prägst du dir Lernstoff ein?
- Wie hältst du deine Konzentration aufrecht?
- Wie arbeitest du Texte durch?
- Was machst du, wenn dir eine Antwort bzw. Lösung nicht sofort einfällt?
- Wie kommst du mit dem Präsentieren zurecht?
- Wie bewältigst du Klassenarbeits- und Prüfungsängste?
- Wie lernst du Vokabeln?
- Wie lernst du Grammatik?
- Wie bemühst du dich um ein besseres Fremdsprachverständnis?
- Wie vermeidest du Rechtschreibfehler?
- Wie schreibst du einen Aufsatz?
- Wie lernst du Mathematik?
- Wie löst du Textaufgaben?

Lernvertrag

Name: ____

Vorname: ____

Klasse: ______________________

Zwischen mir und Herrn/Frau ______________________ wurde am ______________ folgender Änderungsplan vereinbart:

____

____

____

____

____

Ich erhalte folgende Unterstützung:

____

____

____

____

____

Am ________________ um ________ Uhr werden wir gemeinsam prüfen, welche Fortschritte ich gemacht habe.

Unterschrift Schüler Unterschrift Lehrer

________________________ ________________________

5 Zentrale Inhalte des Lerncoachings

Um den Lernprozess erfolgreich zu gestalten, benötigt der Schüler Strategien. Es handelt sich um zielgerechte Vorgehensweisen bei der Steuerung der Lerntätigkeit. Hierzu existiert in der Pädagogischen Psychologie eine häufig zitierte Taxonomie (Hasselhorn & Gold, 2013; Mandl & Friedrich 2006; Weinstein & Mayer 1986), die Lernstrategien in folgende Bereiche gliedert:

- kognitive Strategien: Aufnahme, Verarbeitung, Speicherung und Abruf von Wissen,
- metakognitive Strategien: Planung, Überwachung und Regulation des Lernprozesses,
- ressourcenbezogene Strategien (Stützstrategien): Selbstmotivierung, Konzentrationssteuerung, Zeitmanagement, Gestaltung der Lernumwelt, Nutzung und Weitergabe von Wissen, kooperatives Lernen.

Diese Taxonomie ist einerseits ein plausibles Lernstrategie-Modell. Andererseits ist es aber auf einem hohen begrifflichen Niveau angesiedelt, das von der Wirklichkeit des schulischen Lernens weit entfernt ist. Um den praktischen Erfordernissen des Lerncoachings gerecht zu werden, müssen die lernstrategischen Oberbegriffe pragmatisch herunterdekliniert werden. Aus diesem Erfordernis ist eine Strategiestruktur entstanden, die diesem Kapitel zugrunde liegt. Sie hat sich im Verlauf einer jahrzehntelangen Lernförderarbeit als hilfreich und praktizierbar erwiesen. Unterschieden wird dabei zwischen

- Strategien der Selbstmotivation,
- allgemeinen Lernstrategien, die auf viele Lernsituationen und Lerninhalte anwendbar sind,
- fachbezogenen Lernstrategien für eng umgrenzte Inhaltsbereiche.

Die Darstellung der Strategie-Bausteine dieses Kapitels bedeutet nicht, dass sie im Einzel- oder Gruppencoaching möglichst extensiv vermittelt werden müssen. Zum einen reichen hierfür die Zeitressourcen nicht aus. Zum anderen würde man dadurch die Schüler überfordern. Das Coaching sollte sich auf jene Bausteine konzentrieren, die der Schließung der lerndiagnostisch erfassten Motivations- und Strategiedefizite dienen. Die Übungsaufgaben am Ende des jeweiligen Bausteins können dazu verwendet werden, die in den „Mini-Lektionen“ vermittelten Strategien verstehbar und umsetzbar zu machen.

5.1 Vermittlung von Motivationsstrategien

Viele Schülerinnen und Schüler lernen großenteils unter äußerem Druck. Zum einen wird dieser von Lehrern und Eltern erzeugt, zum anderen von unmittelbar bevorstehenden Klassenarbeiten und Prüfungen. Ihnen ist es während ihrer bisherigen Lernentwicklung nicht gelungen, eine Selbstmotivation aufzubauen. Sie tun sich schwer damit, ihre Lernmotivation willentlich zu steuern und zu kontrollieren. Aufgrund ihrer Motivationsprobleme können sie ihr Lernpotenzial nicht ausschöpfen und geraten nicht selten in Misserfolgsserien.

Die Lernmotivation hat eine Antriebs- und eine Richtungskomponente. Sie ist, sinnbildlich gesprochen, Motor und Lenkrad des schulischen Lernens (Gage & Berliner, 1996). Ein wichtiges Ziel des Lerncoachings ist es, dass der motivationsschwierige Schüler seinen Lernmotor selbst starten und sein Lenkrad selbst benutzen lernt. Hierzu müssen ihm selbstmotivationale Hilfen vermittelt werden. Was der Schüler beim Aufbau einer Selbstmotivation vor allem braucht, sind Strategien des Startens, der Zielsetzung, der schrittweisen Zielerreichung und der Selbstkontrolle. Außerdem muss er lernen, wie man selbstabwertende Denkmuster verändert und fachliches Desinteresse überwindet.

5.1.1 Gezielt starten

Sich zum Lernen aufzuraffen ist mit das häufigste Motivationsproblem. Wenn der Lernmotor nicht anspringt, sind Autosuggestionen eine erste Hilfe. Dadurch soll der Lernwille in Lernhandlungen umgesetzt werden. Es sind kurze Sätze, die der Schüler zu sich selbst sagt. Solche Unlust-Überwinder können lauten:

- „Tu's gleich, dann hast du's bald weg!"
- „Nicht warten, sondern starten!"
- „Motiviert läuft's wie geschmiert."

Ebenso hilfreich wie Autosuggestionen sind Warm-ups. Das sind Tätigkeiten, die den Lernmotor aufwärmen, damit er auf Touren kommt. Die erwünschte Aufwärmwirkung lässt sich erzielen, indem man den Schreibtisch aufräumt, das Arbeitszimmer lüftet, benötigte Arbeitsmittel bereitlegt oder ein paar Gymnastik-Übungen macht.

Wirksam beeinflussen lässt sich die Motivation auch durch innere Bilder, die auf der Verschaltung von Nervenzellen in der rechten Gehirnhälfte beruhen. Sie geben dem Schüler die Energie, die er braucht, um Aufgaben kraftvoll anpacken zu können. Man entwirft sie, indem man sich vorstellt, wie es einem nach getaner Lernarbeit geht. Man dreht hierzu einen mentalen Clip, der beispielsweise so aussehen könnte: „Ich habe meine Lernaufgaben erledigt. Mir geht es jetzt gut. Ich liege auf der Couch und höre meine Lieblingsmusik.“ Solche Vorstellungsbilder „wirken ständig aus dem Hintergrund heraus, also auch dann, wenn wir bewusst gar nicht an das Ziel denken“ (Mertens & Kuhl, 2004, S. 111).

Motivierende Wirkungen können auch von äußeren Bildern ausgehen, die der Schüler an der Wand seines Arbeitszimmers befestigt. Solche Motivationsposter (siehe Abbildung 1) bringen die persönlichen Lernenergien in Bewegung hin zum Ziel.

Abbildung 1: Beispiel für ein Motivationsposter (© Maygutyak – Fotolia.com)

Schließlich sei noch eine weitere Motivationsstrategie erwähnt. Falls man das Lernen öfter aufschiebt, sollte man sich die Folgen dieses Tun bewusst machen und dem Gefühl mangelnder Selbstkontrolle offensiv entgegenwirken. Am besten gelingt dies, indem man

- die Vorteile rascher Erledigung mit den Nachteilen des Aufschiebens vergleicht
- und sich vor Augen hält, dass der Ärger, den man sich durch seine „Aufschieberitis" einbrockt, noch viel unangenehmer ist als die gegenwärtige Lernunlust.

Übung für Schülerinnen und Schüler

Finde einen ermunternden Motivationssatz, der dir zu einem guten Lernstart verhelfen soll. Schreibe ihn auf ein kleines Motivationsplakat in Buntschrift. Befestige ihn deutlich sichtbar an deinem Arbeitsplatz. Beherzige deinen Motivationssatz am Lernbeginn.

5.1.2 Ziele schrittweise erreichen

Wenn große Lernaufgaben zu erledigen sind, wächst die Gefahr, dass der lange Weg zum Ziel auf Schülerinnen und Schüler demotivierend wirkt und sie das Lernen/die Auseinandersetzung mit dem Lernstoff aufschieben (siehe Abbildung 2). Dies ist häufig der Fall, wenn eine Klassenarbeit, Klausur oder Prüfung vorbereitet werden muss. Zur Bewältigung dieses speziellen Motivationsproblems dient eine Strategie, die schrittweise Zielerreichung genannt wird. Sie besteht darin, dass die Stoffmenge in lernbare Portionen aufgeteilt bzw. die lange Wegstrecke in bewältigbare Etappen zerlegt wird (siehe Abbildung 2).

Wer diese Vorgehensweise wählt, dem erscheint das Endziel nicht mehr so weit. Es wirkt nun über die Erreichung von Teilzielen motivierend. Die Freude, eine Etappe hinter sich zu haben, erhält die Lernmotivation aufrecht. Man kann jetzt zu sich sagen: „Du schaffst es schon!"

Wer sich etappenweise zum Endziel aufmacht, hat übrigens auch den Vorteil, dass er rechtzeitig Lücken entdecken, Lücken auffüllen und andere um Rat fragen kann.

Im Grunde genommen ähnelt die Schritt-für-Schritt-Strategie der Arbeitsweise des Straßenkehrers Beppo in Michael Endes (1973) Buch *Momo*. Ursprünglich geriet Beppo angesichts der langen Straße, die er zu fegen hatte, in Verzweiflung. Er hatte das Gefühl, sein Arbeitsziel nicht erreichen zu können. Doch dann fiel ihm eine Lösung ein:

„Man darf nie an die ganze Straße auf einmal denken, verstehst du? Man muss nur an den nächsten Schritt denken, an den nächsten Atemzug, an den nächsten Besenstrich. Und immer wieder nur an den nächsten." Wieder hielt er inne und überlegte, ehe er hinzufügte: „Dann macht es Freude; das ist wichtig, dann macht man seine Sache gut. Und so soll es sein."

Und abermals nach einer langen Pause fuhr er fort: „Auf einmal merkt man, dass man Schritt für Schritt die ganze Straße gemacht hat. Man hat gar nicht gemerkt wie, und man ist nicht außer Puste." Er nickte vor sich hin und sagte abschließend: „Das ist wichtig."

Die Strategie, Ziele schrittweise zu erreichen, kommt nicht allein durch eine Willensentscheidung in Gang. Man braucht zusätzlich einen kleinen Plan, auf dem das Endziel und die Teilziele schriftlich fixiert sind. Außerdem vermerkt darauf, wann man diese in Angriff nehmen möchte.

Übung für Schülerinnen und Schüler

Nur Weniges von dem, was du aufschiebst, erledigt sich von selbst. Je mehr aufgeschoben wird, desto schwerer wiegt die Arbeitslast und desto mehr Sand kommt ins Getriebe der Motivation. Der Blick auf den Berg des Unerledigten versalzt dir das Arbeitsmenü. Suche dir eine wichtige Aufgabe heraus, die du seit einiger Zeit vor dir herschiebst. Zerlege den Weg zum Ziel in Teiletappen, denen du konkrete Termine zuordnest. Vermerke diese Termine in deinem Zeitplaner. Beginne rasch mit der ersten Etappe. Hake ab, was erledigt ist. Belohne dich nach der letzten Etappe mit einer angenehmen Aktivität.

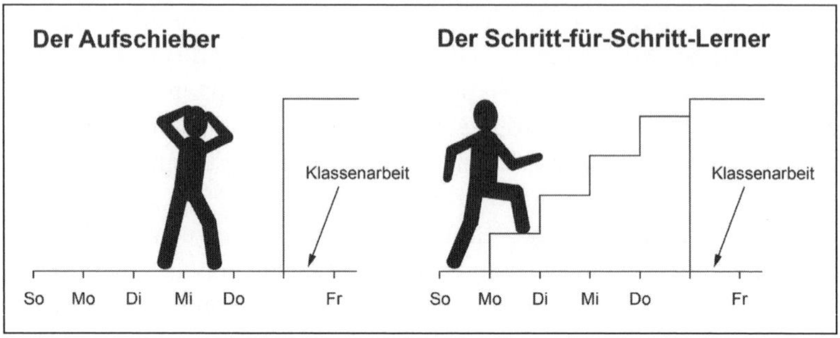

Abbildung 2: Aufschieber vs. Schritt-für-Schritt-Lerner

5.1.3 Sich selbst kontrollieren

Wer meist nur auf äußeren Druck und durch Fremdkontrolle lernt, kann sich mithilfe des Selbstkontrollmodells von Frederick Kanfer steuern lernen (Kanfer et al., 2012). Es besteht aus drei Komponenten.

Drei Komponenten des Selbstkontrollmodells (Kanfer et al., 2012)

- Selbstbeobachtung
- Selbstbewertung
- Selbstbelohnung

Konkret wird es so umgesetzt, dass man eine Zeitlang täglich auf einem Selbstkontrollbogen dokumentiert, wie lange man was gelernt hat (siehe Tabelle 1). Zum Beispiel trägt man ein: „15.30 – 16.00 Uhr Mathematik-Hausaufgaben." Zusätzlich bewertet man die persönliche Zufriedenheit mit den einzelnen Lerntätigkeiten:

+	Ich bin zufrieden.
+/–	Ich bin nur teilweise zufrieden.
–	Ich bin nicht zufrieden.

Ist die Lernarbeit beendet, belohnt man sich dafür selbst – beispielsweise durch angenehme Freizeittätigkeiten.

Die Kombination von Selbstbeobachtung, Selbstbewertung und Selbstbelohnung verbessert im Verlauf des Trainings die Fähigkeit zur Selbstkontrolle. Wenn der Schüler nach mehreren Wochen das sichere Gefühl hat, dass er sich gut steuern kann, sind die täglichen Aufzeichnungen – ein Beispiel zeigt Tabelle 1 – zunächst nicht mehr erforderlich. Jetzt sollte die Selbststeuerung willentlich ablaufen. Die schriftliche Selbstkontrolle wird erst dann wieder angewandt, wenn es einen Rückfall ins alte Problemverhalten gibt.

Tabelle 1: Auszug aus einem Selbstkontrollbogen

Datum	Zeit	Fach (Inhalte bzw. Tätigkeit)	Bewertung
18.10.	13.45-14.15 14.20-14.45 14.50-15.15	Englisch (Workbook, Vokabeln) Mathe (Aufgaben) Erdkunde (Zeichnung)	+ +/- +
19.10.	16.30-16.45 16.45-17.10 17.15-18.00	Englisch (Übung) Deutsch (Sachbeschreibung) Geschichte (Wiederholung)	+ - +
20.10.	14.00-14.30 14.40-15.00 15.05-15.35 15.45-16.00 18.00-18.15	Englisch (Brief) Mathe (Aufgaben) Deutsch (Grammatik) Geschichte (Wiederholung) Vokabeln (Englisch)	+/- + + +/- +
21.10.	16.30-17.00 17.05-17.30	Mathe (Aufgaben) Bio (Protokoll)	+/- +
22.10.	14.00-14.30 14.40-15.00	Englisch (Übung) Musik (Lied)	+ +
23.10.	11.00-12.00	Englisch (Klassenarbeitsvorbereitung)	+/-
24.10.	10.00-11.00	Englisch (Klassenarbeitsvorbereitung)	+
25.10.	13.15-13.45 13.50-14.05 14.15-15.00 15.15-15.30	Mathe (Aufgaben) Erdkunde (Übung) Englisch (Klassenarbeitsvorbereitung) Religion (Übung)	- + + +/-

Übung für Schülerinnen und Schüler

Führe in den nächsten vier Wochen einen Selbstkontrollbogen nach dem angegebenen Muster. Schreibe jeden Tag kurz und stichwortartig auf, was du von wann bis wann tust. Bewerte die jeweilige Lerntätigkeit mit +, +/– oder – . Belohne dich nach dem Lernen mit angenehmen Tätigkeiten.

5.1.4 Sich selbst reflektieren

Wer zum Lenker seiner eigenen Lernmotivation werden möchte, braucht auch mehr Bewusstheit und Klarheit über sich als Lerner. Diese Selbstreflexion bedeutet nicht nur, dass man sich allein unter die Lupe nimmt, sondern die Wahrnehmungen anderer Personen miteinbezieht. Dies können Mitschülerinnen und Mitschüler sein, aber auch Eltern, Freundinnen und Freunde sowie Geschwister.

Formen der Selbstreflexion

Die regelmäßige Selbstreflexion kann in unterschiedlichen Formen stattfinden:

- Am Ende eines Lerntages macht man einen Tagesrückblick und lässt sein Lernen vor dem inneren Auge Revue passieren. Man überlegt sich, was gut war und was verbessert werden muss.
- Man versucht herauszufinden, warum man einen bestimmten Fehler gemacht hat.
- Man bittet eine Person, zu der man Vertrauen hat, um eine Rückmeldung über das Lern- und Arbeitsverhalten. Sie soll ehrlich sagen, was sie an einem positiv wahrnimmt und was zu verändern ist.
- Man tauscht sich in einer Lerngruppe über Lernerfahrungen aus und gibt sich gegenseitig Tipps zur Verbesserung des Lernverhaltens.
- Man führt am Ende eines Schuljahres eine Leistungsbilanz mit folgenden Fragen durch: Was habe ich mir am Schuljahresbeginn vorgenommen? Welche Ziele habe ich erreicht, welche nicht? Was folgt daraus für das nächste Schuljahr?

Besonders förderlich für die Selbstreflexion ist das Lerntagebuch. Es ist ein Instrument, mit dessen Hilfe der Schüler seine eigenen Lernerfahrungen dokumentiert und auswertet. Die täglichen Einträge können Antworten auf folgende Fragen sein:

- Was gelang gut?
- Was hat Spaß gemacht?
- Welcher Lernstoff war schwierig?
- Was habe ich nicht verstanden?
- Welche Lernstrategie war hilfreich?
- Was sollte ich künftig anders machen?

Der Tagebucheintrag kann sich auf ein einzelnes Unterrichtsfach oder auf mehrere Fächer beziehen.

Übung für Schülerinnen und Schüler

Notiere die Erfahrungen, die du beim Lernen täglich machst, in Stichworten. Orientiere dich dabei an drei Fragen: Was lief gut? Was fiel mir schwer? Was möchte ich beim Lernen verändern?

5.1.5 Positives Selbstbild aufbauen

Häufig hängt der Misserfolg in einem Fach nicht mit mangelnder Begabung, sondern mit geringem Selbstvertrauen und selbstabwertenden Gedanken zusammen. Eine Serie schlechter Klassenarbeiten genügt, und der Schüler schlussfolgert vorschnell: „Es lohnt sich nicht mehr, für dieses Fach zu lernen. Mir fehlt es an Begabung.“ Solche Negativgedanken verdichten sich im Lauf der Zeit zu einem negativen Selbstbild.

Wer ein solches Bild von sich entwickelt hat, leidet an Minderwertigkeitsgefühlen. Das eigene Leistungsgeschehen wird nur noch durch die Negativbrille wahrgenommen. Gibt es mal wider Erwarten einen Erfolg, wird dieser heruntergespielt. Das positive Ereignis wird dem Zufall oder dem niedrigen Schwierigkeitsgrad der Aufgaben zugeschrieben.

Wer sich von dieser Motivationsblockade befreien möchte, muss sein Selbstbild verändern. Die psychologische Aufbauarbeit beginnt damit, dass man den selbstabwertenden Gedanken gezielt nachspürt und sie aufschreibt. Der nächste Schritt ist deren seelische Entschärfung. Zum Beispiel kann man den Satz „Ich bin mathematisch nicht begabt“ ersetzen durch „Ich habe Lücken in Mathematik, die ich durch Üben abbauen kann“. Solchen positiven Umformulierungen müssen konkrete Handlungen folgen. In diesem Falle wäre ein Gespräch mit dem Mathematiklehrer sinnvoll. Der könnte auf der Basis der bisherigen Klassenarbeiten analysieren helfen, wo die Fehlerschwerpunkte liegen. Daraus folgt eine Wiederholungsaktion, um die Stofflücken zu schließen. Zum Beispiel könnte man an zwei Wochentagen jeweils eine Dreiviertelstunde für das Wiederholungslernen in Mathematik reservieren.

Jeder Lern- und Leistungsfortschritt, der sich im Gefolge dieses Änderungsprozesses ergibt, hilft das resignative Misserfolgsdenken widerlegen. Das Selbstbild von der eigenen Fähigkeit beginnt sich positiv zu verändern. Die Minderwertigkeitsgefühle schwinden. An ihre Stelle treten Selbstvertrauen und Selbstachtung.

Übung für Schülerinnen und Schüler

Welcher Gedanke geht dir oft durch den Kopf, wenn du an das Fach denkst, das dir momentan Sorgen bereitet?

Formuliere ihn positiv um.

Überlege, welche Änderung sich daraus für dich ergibt.

5.1.6 Interessen verknüpfen

Das Interesse gehört zu den wichtigsten Voraussetzungen einer guten Lernmotivation und der selbstständigen Auseinandersetzung mit Lerninhalten. Was den Schüler interessiert, motiviert ihn auch. Bringt er einem Schulfach viel Interesse entgegen, wird das Lernen mit positiven Emotionen assoziiert. Interessen können eine hohe Erlebnisqualität erreichen. Das Fachinteresse wirkt sich auf das fachliche Lernverhalten und die Fachleistung signifikant förderlich aus (Krapp 2010; Schiefele 2008).

Das Gegenteil von Interesse ist Desinteresse. Es verhindert, dass die Lernmotivation selbstständig in Gang kommt. Desinteressierte Schülerinnen und Schüler lernen im ungeliebten Fach nur druckmotiviert. Mit dessen Lerninhalten beschäftigen sie sich meist lustlos und oberflächlich. Sie erleben diese als langweilig und trocken. So fällt es dem am Fach Physik Desinteressierten schwer, sich mit mechanischen oder optischen Gesetzen zu befassen. Sein resignativer Kommentar lautet: „Keine Lust auf Physik!“

Was kann man gegen eine solche Motivationshemmung tun? Es gibt eine Motivationsstrategie, die Interessenverknüpfung genannt wird. Sie funktioniert folgendermaßen: Ein außerschulisches Interesse, das mit dem missliebigen Schulfach in einer inhaltlichen Beziehung steht, wird als Motivierungsmittel eingesetzt. Wenn der Schüler zum Beispiel an Umweltfragen stark interessiert ist, braucht er zum Verstehen und Diskutieren von Energiekonzepten physikalische Kenntnisse. Er nimmt sich vor, in nächster Zeit beim Lesen ökologischer Texte und Nachrichten physikalische Begriffe zu notieren und deren Bedeutung im Lehrbuch oder im Internet zu recherchieren. Somit verknüpft er sein Interesse an Umweltfragen mit dem Interesse an der Physik. Das Fach gewinnt für ihn nun an persönlicher Bedeutung.

Eine Interessenverknüpfung macht von heute auf morgen keine intrinsische Motivation. Doch sie kann das Desinteresse an einem Schulfach so abbauen helfen, dass wieder genügend Motivation für die unterrichtliche Mitarbeit, für die Erledigung von Übungsaufgaben und für die Vorbereitung von Klassenarbeiten zur Verfügung steht. Ist das positive Grundinteresse einmal vorhanden, spiegelt sich dies auch in einer Verbesserung der Fachleistungen wider.

Übung für Schülerinnen und Schüler

Kreuze ehrlich an, in welchem Maße die folgenden Schulfächer dich interessieren.

	sehr stark	stark	mittel	wenig	überhaupt nicht
Deutsch	5	4	3	2	1
Fremdsprachen	5	4	3	2	1
Mathematik	5	4	3	2	1
Physik	5	4	3	2	1
Chemie	5	4	3	2	1
Biologie	5	4	3	2	1
Geschichte	5	4	3	2	1
Gemeinschaftskunde	5	4	3	2	1
Erdkunde	5	4	3	2	1

Überlege, wie du Fächer, die du wenig oder überhaupt nicht magst, für dich interessanter machen kannst.

5.2 Vermittlung allgemeiner Lernstrategien

Die Schülerinnen und Schüler brauchen ein Grundrepertoire an allgemeinen Lernstrategien, die sich auf ein großes Spektrum von Lernsituationen und Lernaufgaben anwenden lassen. Erstens gehören hierzu systematische Vorgehensweisen bei der Organisation des individuellen und kooperativen Lernens. Zweitens benötigen sie Strategien, mit deren Hilfe sich Wissen verstehen, aufnehmen, verarbeiten, speichern und auf die Lösung von Problemen übertragen lässt. Drittens müssen sie die Aufmerksamkeit und Konzentration steuern lernen. Viertens müssen sie wissen, wie man rationell liest und das Gelernte präsentiert. Fünftens sind sie auf ein wirksames Prüfungsmanagement angewiesen.

5.2.1 Lernen organisieren

Unter Lernorganisation versteht man die zweckmäßige Gestaltung der räumlich-zeitlichen Bedingungen des Lernens. Dadurch sollen unnötige Reibungsverluste und Stress erzeugende Frustrationen verhindert werden.

Erste Voraussetzung einer guten Lernorganisation ist eine effiziente Zeitplanung. Das heißt, dass man nicht einfach drauflos lernt, sondern dem Lernprozess eine systematische Ablaufstruktur zugrunde legt. Die Notwendigkeit des Planens ergibt sich sowohl bei der Bewältigung größerer Lernaufgaben (Hausaufgaben, Referate) als auch bei der Vorbereitung von Klassenarbeiten.

Zur Förderung der Lernbedingungen gehört auch die rationelle Gestaltung des häuslichen Arbeitsplatzes. Herrscht dort ein großes Chaos, kommt es unweigerlich zu Lern- und Konzentrationsstörungen.

Schließlich hängt ein reibungsloser Lernablauf auch davon ab, ob wichtige Arbeitsmittel vorhanden sind, wie man sie nutzt und in welchem Zustand sie sich befinden.

Zeitplanung

Viele Lern- und Arbeitsprobleme gründen im falschen Umgang mit der Zeit. Erfolgreiche Schülerinnen und Schüler unterscheiden sich von nicht erfolgreichen auch dadurch, dass sie ihre Zeit wirksam planen.

Die schulische Zeitplanung besteht oft nur aus dem allmählichen Einprägen des Stundenplans. Im Verlauf des Schuljahres weiß man dann, in welchen Fächern an welchen Wochentagen Unterricht erteilt wird. Bewegliche Termine wie Klassenarbeiten, Präsentationen oder außerunterrichtliche Veranstaltungen versucht man sich auf gut Glück zu merken. Eine gravierende Folge dieser Planlosigkeit ist beispielsweise, dass die Schülerinnen und Schüler zu spät mit der Vorbereitung von Klassenarbeiten beginnen.

Wer seine Zeit gut planen möchte, muss schriftlich planen. Termine, die schwarz auf weiß notiert werden, lassen sich schwerer verdrängen als solche, die man nur im Kopf speichert. Außerdem üben schriftlich fixierte Ziele eine wesentlich stärkere Zugkraft aus. Konkret bedeutet das schriftliche Notiergebot, alle wichtigen Schultermine in den Terminkalender einzutragen – insbesondere die Klassenarbeitstermine.

Klar ist, dass man zur schriftlichen Zeitplanung einen Terminkalender braucht. Besonders geeignet sind Faltkalender, da sie erstens sehr leicht zu transportieren sind und zweitens eine mittel- und langfristige Zeitplanung ermöglichen. Mit dem Faltkalender lassen sich größere Zeiträume auf einen Blick erfassen und somit mittel- und langfristige Ziele ansteuern. Wer den Terminkalender gleichzeitig zum Notieren der Hausaufgaben benutzen möchte, muss sich einen Terminkalender anschaffen, der größere Tagesfelder enthält. Nachteil dieser umfangreicheren Zeitplaner ist allerdings, dass der oben beschriebene Überblick schwieriger wird.

Darüber hinaus bieten sich noch andere Zeitplaner an. Zum Beispiel der Terminposter an der Wand des Arbeitszimmers. Er hat den Vorteil, dass sich ein ganzes Jahr im Blick befindet. Nachteilig ist, dass man ihn nicht mitnehmen kann. Schließlich lassen sich Termine auch mit einem elektronischen Kalender verwalten. Falls man dies möchte, sollte er in einem Gerät installiert sei, das man leicht mit sich führen kann (z. B. Smartphone).

In den Kalender schreibt man aber nicht nur Schultermine, sondern auch wichtige Privattermine. Dadurch lassen sich Schule und Freizeit besser aufeinander abstimmen. Wer beispielsweise sieht, dass in einem Monat interessante Freizeitaktivitäten und gleichzeitig eine wichtige Klassenarbeit anstehen, kann das Problem lösen, indem er sich frühzeitiger auf die Klassenarbeit vorbereitet.

Zur Zeitplanung gehört nicht nur die Termindokumentation, sondern auch das zielorientierte Hausaufgabenmanagement. Ein erster wichtiger Schritt besteht darin, nicht gleich nach dem Mittagessen anzufangen, sondern sich mindestens eine halbe Stunde zu entspannen. Dadurch können sich Geist, Seele und Körper erholen. Der wichtigste Schritt bei der Hausaufgabenplanung besteht darin, sich Ziele zu setzen bzw. einen kleinen Plan anzufertigen. Man nimmt einen Zettel und schreibt auf, was für den nächsten Tag auf jeden Fall zu erledigen ist. Dies sind die Muss-Ziele. Außerdem überlegt man, was sonst noch getan werden könnte, falls noch Zeit übrig bleibt. Dies sind die Kann-Ziele. Zum Beispiel könnte man mit der Vorbereitung einer bevorstehenden Klassenarbeit beginnen und eine Portion Stoff wiederholen.

Lernpsychologisch wichtig ist es, diese Ziele so zu reihen, dass am Arbeitsbeginn eine leichte Aufgabe steht. Ansonsten besteht die Gefahr, dass eine Lösungsblockade die Lernlust sofort zunichtemacht. Bei der Reihung achtet man darauf, dass ähnliche Fächer nicht hintereinander stehen, denn sonst könnten Gedächtnisblockaden auftreten. Die Anfertigung des Tagesplans ist übrigens kein absolutes Muss. Wer die Hausaufgaben regelmäßig ins Hausaufgabenheft oder in einen Terminkalender einträgt, hat bereits die Übersicht über das, was gelernt werden muss. Er braucht die Aufgaben dann nur noch richtig zu reihen.

Nicht nur die täglich zu erledigenden Hausaufgaben wollen geplant sein, sondern auch mittel- und langfristige Aufgaben wie zum Beispiel die Vorbereitung von Klassenarbeiten und Klausuren. Damit tun sich viele Schülerinnen und Schüler schwer. Sie tendieren dazu, Dinge, die nicht sofort erledigt werden müssen, zu verdrängen und aufzuschieben. Folge dieser „Aufschieberitis“ ist, dass der Vorbereitungsstoff sich zu einem Lernberg verdichtet. Und die Chance, ihn wirksam zu bewältigen, wird somit immer geringer. Steht die Klassenarbeit dann unmittelbar bevor, rafft sich der Aufschieber endlich auf, um sich vorzubereiten. Oft ist es der letzte Tag vor der Klassenarbeit, an dem die Vorbereitung stattfindet (siehe hierfür noch einmal Abbildung 2 auf S. 40). Nun muss man stundenlang lernen und pauken. Dieses massierte, pausenlose Lernen hat zur Folge, dass die Aufnahme- und Verarbeitungsfähigkeit des Gehirns überfordert wird. Das Gehirn schützt sich gegen die Reizflut, indem es einen Teil des Stoffes nicht archiviert. Eine weitere Folge ist, dass der Körper vermehrt Stresshormone ausschüttet, was zu Gedächtnis- und Denkblockaden führen kann. Darüber hinaus wächst auch die Abneigung gegen das Lernen.

Die Alternative zum massierten, aufschiebenden Lernstil ist eine Aufteilung des Vorbereitungsstoffes in Lernportionen und eine frühzeitige Vorbereitung. Dies erfordert eine gute Zeitplanung. Wie bereits aufgezeigt, ist eine wichtige Voraussetzung hierfür eine prägnante Kalenderführung. Die ins Auge springenden Termine müssen dazu motivieren, rechtzeitig mit der Vorbereitung zu beginnen. Wer ein schlechter Selbstmotivator ist, sollte auch die einzelnen Vorbereitungstage im Kalender vermerken. Zusätzlich hilfreich kann auch ein deutlich sichtbarer Vorbereitungsplan sein, auf dem verzeichnet ist, welche Stoffgebiete man wann bearbeiten möchte (siehe Tabelle 2). Genauso wie beim Tagesplan wird das durchgestrichen oder abgehakt, was man erledigt hat. Hierdurch entsteht ein positives Gefühl des Vorwärtskommens.

Tabelle 2: Beispielhafter Auszug aus einem Vorbereitungsplan

Datum	Lernstoff
2.3.	Mathematikbuch S. 20-25
3.3.	Mathematik-Unterrichtsmitschriften
4.3.	Mathematikbuch S. 26-30
5.3.	Mathematik-Unterrichtsmitschriften
6.3.	Wiederholung: Buch + Mitschriften

Wer sich frühzeitig und portionsweise auf Klassenarbeiten vorbereitet, hat wichtige lernpsychologische Vorteile. Erstens kann sich der Lernstoff in Ruhe konsolidieren. Zweitens ist noch Zeit zu einer abschließenden Gesamtwiederholung und Selbstüberprüfung. Und schließlich können Stressreaktionen und Ängste besser bewältigt werden.

Übung für Schülerinnen und Schüler

Wende das, was du über die Tagesplanung gerade gelesen hast, am nächsten Lerntag einmal an. Trage in deinen Tagesplan ein, was du erreichen musst (Muss-Ziele) und was du darüber hinaus noch lernen kannst (Kann-Ziele). Gehe nach diesem Plan vor. Hake ab, was du erledigt hast.

Tagesplan
Datum: Muss-Ziele: __________ __________ __________ __________ __________ Kann-Ziele: __________ __________ __________ __________ __________

Arbeitsplatzgestaltung

Die Optimierung der Lernumwelt wird in der Lernstrategieforschung als „externes Ressourcenmanagement“ bezeichnet (Hasselhorn & Gold 2013, S. 92). Es unterstützt den Prozess der Informationsverarbeitung.

Ein Schüler braucht zum Lernen einen festen Arbeitsplatz. Wenn man immer wieder am selben Ort lernt, stellen sich Geist und Körper automatisch auf die Lernarbeit ein. Der Arbeitsplatz sollte ordentlich gestaltet sein, denn Unordnung kann die Lernstimmung und den Lernablauf empfindlich stören. Dies ist bei den sogenannten „Volltischlern" in besonders starkem Maße der Fall (siehe Abbildung 3). Auf ihrer Schreibfläche herrscht großes Chaos, und sie haben stetig Schwierigkeiten, Lern- und Arbeitsmittel zu finden. Oft befinden sich darauf nicht nur Schulsachen, sondern auch lernfremde Dinge. Dieses Schreibtischchaos überfordert die optische Konzentration. Alles, was mit dem aktuellen Lernstoff nichts zu tun hat, sollte deshalb nicht auf der Schreibfläche liegen.

Ein weiteres Problem sind akustische Störquellen. Wer eine komplizierte Lernaufgabe bearbeitet und gleichzeitig Musik hört, braucht sich über Merk- und Konzentrationsprobleme nicht zu wundern. Eine Musikkulisse schadet nur dann nicht, wenn es sich um leise Hintergrundmusik handelt, die nicht durch Sprechkommentare unterbrochen wird, oder wenn der Lernende Routinetätigkeiten verrichtet.

Abbildung 3: Ein voller, ungeordneter Schreibtisch bietet keine gute Lernumgebung.

Oftmals sind auch die Lichtverhältnisse störend. Dies ist dann der Fall, wenn die Lichtquelle zu grelles oder zu schwaches Licht erzeugt. Darüber hinaus kommt es immer wieder vor, dass die Schreibtischlampe falsch angebracht ist. Beim Rechtshänder muss das Licht von links, beim Linkshänder von rechts kommen.

Lernförderlich ist es auch, wenn auf der Schreibtischfläche jene Dinge im Greifbereich liegen, die man am häufigsten braucht: Schreibwerkzeuge, Schreibpapier, Korrekturmittel, Nachschlagewerke. Weniger häufig gebrauchte Dinge befinden sich im Reichbereich (Schublade) oder lagern im Holbereich (Regal).

Des Weiteren ist zu prüfen, ob Tisch und Stuhl ergonomischen Kriterien entsprechen. Die Tischfläche beträgt mindestens 100 x 60 cm, um Routinemittel und augenblicklich gebrauchte Lernmittel lagern zu können. Die optimale Tischhöhe wird durch die Körpergröße des Schülers und durch die Höhe des Stuhles bestimmt. Bei letzterem handelt es sich um einen drehbaren fünffüßigen Bürostuhl, der in der Höhe verstellbar und dessen Sitzfläche weder zu hart noch zu weich ist.

Nicht zuletzt sorgt man dafür, dass die Raumtemperatur 20 bis 22 Grad beträgt, genügend Luftfeuchtigkeit vorhanden ist und durch regelmäßiges Lüften frischer Sauerstoff zugeführt wird. Letzteres ist für das geistige Arbeiten besonders wichtig. Das Gehirn ist nämlich das Organ mit dem höchsten Sauerstoffverbrauch. Es benötigt pro Tag 4.000 Liter frischen Sauerstoff.

Übung für Schülerinnen und Schüler

Überprüfe deinen Arbeitsplatz kritisch, und zwar besonders deine Schreibtischfläche. Stellst du fest, dass sie unordentlich und überladen ist, entrümple sie. Betrachte deine Aufräumaktion als erfolgreich, wenn sich darauf nur noch ein paar wenige, ständig gebrauchte Arbeitsmittel befinden.

Umgang mit Arbeitsmitteln

Es gibt Schülerinnen und Schüler, die erst in der Klassenarbeit feststellen, dass ein Geodreieck fehlt oder der Taschenrechner nicht funktionsbereit ist. Auch nicht unbekannt ist folgende Situation: Man möchte mit den Hausaufgaben beginnen und stellt fest, dass erstens der Füller leer ist und zweitens keine Ersatzpatronen vorhanden sind. Oder man möchte spätabends ein Referat ausdrucken und muss verzweifelt zur Kenntnis nehmen, dass nur noch ein Blatt Druckerpapier da ist. Wer erfolgreich lernen möchte, benötigt eine Grundausstattung an gebrauchsfertigen Arbeitsmitteln (siehe folgender Kasten).

Grundausstattung an Arbeitsmitteln

- Nachschlagewerke (Lexika, Wörterbücher)
- Papier (Notizpapier, Ringbucheinlagen, Konzeptpapier, Druckerpapier, Karteikarten)
- traditionelle Schreibgeräte (Bleistifte, Filzstifte, Füller)
- Zeichengeräte (Lineal, Geodreieck, Farbstifte)
- Rechenmittel (Taschenrechner, Formelsammlung)
- Ordnungsmittel (Ordner, Ringbuch, Schnellhefter, Karteikasten)
- Planungsmittel (Terminkalender, Terminposter, Hausaufgabenheft, Pinnbrett)
- Sonstiges (Utensilienbehälter, Locher, Schere, Kleber, Radiergummi, Spitzer)

Neben diesen klassischen Arbeitsmitteln sollte jeder Schüler auch einen stationären oder transportablen Rechner besitzen. Mit dem Computer kann man beispielsweise Texte verfassen (z. B. ein Referat), Lernstoff systematisch üben (z. B. mit dem Vokabeltrainer) oder im Internet Informationen suchen.

Zu den Arbeitsmitteln im weiteren Sinne zählen auch Arbeitsblätter und Mitschriften. Deren Inhalt ist für eine Klassenarbeitsvorbereitung manchmal wichtiger als mancher Lehrbuchtext. Dennoch liegen sie oft ohne System und Ordnung in der Schultasche, auf dem Schreibtisch oder in Schubladen. Je ungeordneter sie sind, desto mehr Zeit benötigt man beim Suchen. Um dies zu vermeiden, heftet man sie in Ringbüchern oder Ordnern ab, und zwar nach Unterrichtsfächern getrennt. Wer mit festgebundenen Heften arbeitet, sollte Arbeitsblätter ins Heft einkleben.

Zu einer guten Arbeitsmittel-Ordnung gehört schließlich auch, dass man abends mithilfe des Stundenplans prüft, was für den nächsten Tag in die Schultasche eingepackt werden muss. Die notwendigen Dinge packt man so ein, dass sie wirklich griffbereit sind. Sachen, die man in nächster Zeit nicht braucht, werden aussortiert.

Gemeinsam lernen

Das Lernen mit anderen kann die Einzelarbeit nicht ersetzen. Deshalb sollte man die Aneignung des Lernstoffs zunächst allein in Angriff nehmen. Versteht man in dieser ersten Phase Gesetze, Regeln, Formeln, Begriffe oder Zusammenhänge nicht, bietet sich die Gruppenarbeit als wirksame Lernhilfe an. Viele Schülerinnen und Schüler sind hierfür grundsätzlich motiviert, empfinden aber die ersten selbst organisierten Gruppensitzungen als frustrierend. Der Hauptgrund ist, dass sie nicht wissen, wie man kooperatives Lernen organisiert und praktiziert (Schräder-Naef 2004, 24 ff.).

Bevor Schülerinnen und Schüler eine Lerngruppe bilden, sollten sie ein paar Erfahrungen und Regeln beachten. Ansonsten besteht die Gefahr, dass in der Gruppe zu viel gequatscht und zu wenig gelernt wird. Nach gescheiterten Gruppenexperimenten lautet der Kommentar meist: „Es war ja ganz nett, aber herausgekommen ist kaum etwas. Ich lerne doch lieber allein."

Oft scheitert das gemeinsame Lernen schon an der viel zu großen Mitgliederzahl. Die Gruppengröße sollte die Zahl 5 nicht überschreiten. Andernfalls kommen einige Gruppenmitglieder zu kurz und sind frustriert. Jeder muss die Chance haben, seine Fragen vorzutragen und darauf Antworten zu erhalten. Die Gruppenmitglieder tun außerdem gut daran, längere Zeit zusammenzubleiben. Denn sie brauchen einige Zeit, um sich aneinander zu gewöhnen und sich aufeinander einzuspielen. Wenn sich die Gruppenzusammensetzung ständig ändert, kann dieses Ziel nur schwerlich erreicht werden.

Besondere Sorgfalt ist auf die Erstellung des Gruppenprogramms zu verwenden. Ein Drauflos-Arbeiten wird mit Sicherheit im Chaos enden.

Deshalb notiert jedes Gruppenmitglied zu Hause, was es nicht verstanden hat. Diesen Zettel bringt man in die Gruppensitzung mit. Am Beginn der Sitzung wird gesichtet, welche Themen besonders dringlich sind. Steht beispielsweise eine Klassenarbeit in Mathe bevor, haben Mathe-Fragen Vorrang. Der Umfang der Programminhalte wird so bemessen, dass es in der verfügbaren Zeit tatsächlich auch zu schaffen ist. Im Lauf der Zeit wird man hierfür ein besonderes Gespür erwerben.

Bei der Gruppenbildung ist darauf zu achten, dass die Gruppenmitglieder unterschiedliche Stärken haben. Es müssen sowohl gute Fremdsprachler als auch gute Mathematiker darunter sein. Geben und Nehmen sollte ins Gleichgewicht kommen. Außerdem muss eine gewisse Grundsympathie füreinander vorhanden sein, sonst wird womöglich ein Großteil der Arbeitszeit mit Streiten und Kämpfen vergeudet. Auch wenn man sich grundsätzlich mag, können dennoch Probleme auftauchen. Wenn solche Beziehungsprobleme vorliegen, müssen sie rechtzeitig ausgesprochen und gelöst werden.

Damit die Gruppensitzung einen guten Verlauf nimmt, braucht sie einen Gesprächsleiter. Dies ist vor allem dann zu empfehlen, wenn die Gruppe mehr als 3 Personen umfasst. Jedes Mal ist ein anderes Gruppenmitglied als Leiter an der Reihe. Er achtet darauf, dass die Tagesordnung eingehalten wird, er erinnert Langredner an die Zeitgrenzen und er achtet auf einen fairen und friedlichen Umgang. Vorbeugend sollten am Sitzungsbeginn folgende Gesprächsregeln vereinbart werden.

Gesprächsregeln für Lerngruppen

- Wir gehen fair miteinander um.
- Wir hören dem anderen zu, wenn er spricht.
- Wir unterbrechen ihn nur, wenn uns etwas sehr stört.
- Wir fassen uns kurz und drücken uns klar aus.
- Wir bemühen uns um Offenheit.

Eine Lerngruppe sollte bald nach Schuljahresbeginn gegründet werden. Wie schon erwähnt, muss man eine gewisse Anlaufphase, in der manches nicht klappt, einkalkulieren. In der Regel tagt sie einmal pro Woche. Stehen Klassenarbeiten und Prüfungen vor der Tür, können zusätzliche Sitzungen abgehalten werden, in denen man sich vor allem gegenseitig abhört.

Die Lerngruppe dient nicht nur dem Durcharbeiten, Verstehen und Abfragen. Sie trägt auch zur Überwindung von Misserfolgserlebnissen und Prüfungsangst bei. Geteiltes Lernleid ist halbes Leid! Und schließlich nützt die Lerngruppe bei der Vorbereitung auf das Berufs- und Arbeitsleben. Teamarbeit spielt dort eine wesentlich größere Rolle als in der Schule.

Übung für Schülerinnen und Schüler

Gründe mit Klassenkameraden, die unterschiedliche Stärken haben, eine Lerngruppe. Trefft euch regelmäßig, um miteinander zu lernen und Probleme zu lösen. Achtet darauf, dass die Gruppensitzungen gut moderiert werden.

5.2.2 Lernstoff verstehen

Je schwieriger ein Lernstoff ist und je mehr Zeit zu dessen Verstehen und Durchdringung notwendig wird, desto größer wird die Gefahr, dass man ihn letzten Endes auswendig lernt. Das Auswendiglernen schützt Schülerinnen und Schüler in gewisser Weise vor dem Versagen in mündlichen Abfragesituationen oder in Klassenarbeiten. Sie wissen von dem betreffenden Stoff etwas, auch wenn sie ihn nicht verstanden haben. Dieses mechanische Lernen hat jedoch einen entscheidenden Nachteil: Weil man eher den Wortlaut statt den Wortsinn lernt, wird der auswendig gelernte Stoff rasch vergessen. Wahrscheinlich wird man ihn morgen noch gut erinnern und aufsagen können, in ein paar Tagen kann der Großteil bereits aus dem Gedächtnis verschwunden sein. Man hat es versäumt, den Lernstoff durch Einsicht auf der Großhirnrinde zu vernetzen. Deshalb ist ein erster wichtiger Lernschritt das Verstehen. Gemeint ist damit „ein aktiver individueller Konstruktionsprozess" (Köller, 2008, S. 211).

Eine erste Möglichkeit, etwas zu verstehen, ist beim individuellen Lernen das Nachschlagen. Manchen Stoffinhalt kapiert man deshalb nicht, weil ein oder ein paar Wörter falsch oder gar nicht verstanden werden. Durch das Recherchieren im Lehrbuch, in Wörterbüchern, in Mitschriften, in Fachlexika oder im Internet werden Wissenslücken getilgt. Somit kann der Lerninhalt in seinem Zusammenhang erfasst werden.

Das Nachfragen gehört ebenfalls zu den Verstehenshilfen. Voraussetzung hierfür ist, dass der Schüler den Lehrer um Erklärung eines bestimmten Begriffs oder Lernstoffs bittet, wenn er im Unterricht etwas nicht verstanden hat. Die meisten Lehrer werden darin eher ein Anzeichen von aktiver Mitarbeit als von Schwäche sehen. Wer dennoch den Lehrer nicht fragen möchte, kann sich an Mitschüler, Geschwister oder Eltern wenden.

Das Verstehen wird auch durch das Herausschreiben und Vernetzen wichtiger Begriffe erleichtert. Vernetzen heißt, dass man diese Begriffe übersichtlich in ihren Zusammenhängen darstellt. Dadurch kommt man dem Sinn eines Lernstoffes näher. Begriffsnetze unterstützen in besonderem Maße das Denken. Das Begriffsnetz in Abbildung 4 zeigt beispielhaft auf, welche Ursachen der Waldraubbau hat und welche Folgen er zeitigt.

Eine andere Variante des begrifflichen Vernetzens ist das Herstellen von Mind Maps (siehe Abbildung 5). Will man eine Mind Map herstellen,

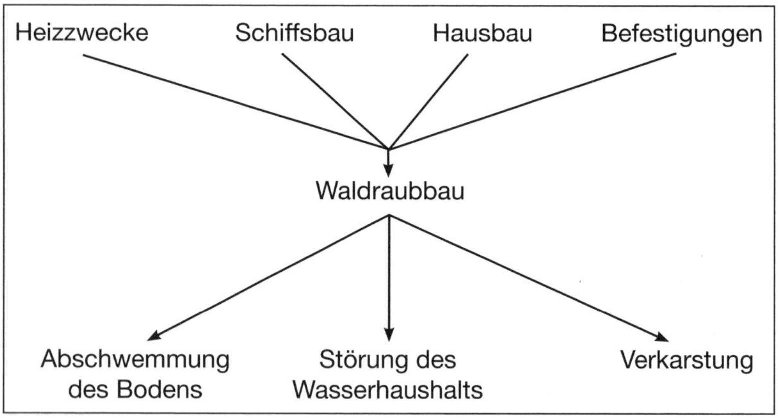

Abbildung 4: Begriffsnetz „Waldraubbau“

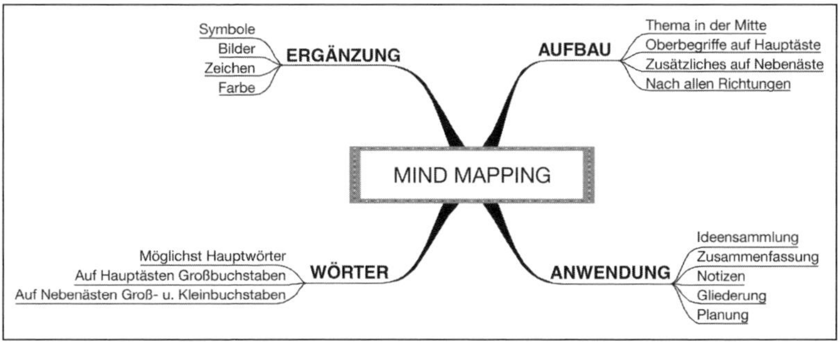

Abbildung 5: Beispiel für eine Mind Map zum Thema „Mind Mapping"

schreibt man zuerst in die Mitte eines Blattes das Thema. Von diesem Zentrum aus werden nun Hauptäste gezeichnet, auf die die wichtigsten Begriffe geschrieben werden. Die Hauptäste wiederum können sich in Nebenäste verzweigen, die Unterbegriffe repräsentieren. Zu beachten ist noch, dass in deutlich lesbarer Blockschrift geschrieben wird.

Es muss nicht immer ein Schema sein, was dem Denken auf die Sprünge hilft. Gerade dann, wenn jemand ein anschaulicher Denker ist, sollte er sich ein Bild vom Lerninhalt machen. Das Verbildlichen ist im doppelten Sinne gemeint. Man kann sich vom Sachverhalt eine Vorstellung machen oder hierzu eine Zeichnung anfertigen. Darüber hinaus ist es auch möglich, sich an Beispiele gezielt zu erinnern oder sie sich auszudenken.

Ebenso wird das Verstehen gefördert, wenn man den Stoff in eigene Worte umformuliert. Zum einen ist dies schriftlich möglich. Zum anderen kann man aber auch den Stoff jemandem erklären. Dies wäre eine praktische Anwendung des lateinischen Spruches: „Durch Lehren lernen wir."

Das verstehende Lernen hat nicht nur den Vorteil, dass der aufgenommene Lernstoff wesentlich länger im Gedächtnis haften bleibt. Sein Vorteil besteht auch darin, dass er in Stress- und Prüfungssituationen schneller verfügbar ist. Bei der Wiedergabe von auswendig gelerntem Wissen kann der Faden eher verloren gehen, weil nämlich die durch Einsicht bewirkte Vernetzung fehlt.

Übung für Schülerinnen und Schüler

Fertige zum folgenden Lerntext eine Skizze an, die dir das Verstehen erleichtern soll.

Elektrische Ladung

Elektrische Ladung ist eine grundlegende Eigenschaft der Materie. Die Protonen der Atomkerne tragen eine positive Ladung, während die Elektronen eine negative besitzen. Normalerweise enthält ein Atom ebenso viele Protonen wie Elektronen, weshalb es nach außen keine elektrische Ladung zeigt. Man sagt dann: Es ist neutral. Die elektrische Ladung von Substanzen rührt daher, dass in ihnen ein Ungleichgewicht zwischen positiven und negativen Ladungen vorliegt. Ein elektrisch geladener Körper übt auf andere Körper eine Kraft aus. Gleichnamige Ladungen (also positiv-positiv und negativ-negativ) stoßen sich ab, ungleichnamige (positiv-negativ oder umgekehrt) ziehen sich an.

5.2.3 Lernstoff speichern und abrufen

Gedächtnis ist die Fähigkeit des Gehirns, Informationen zu speichern und später wieder abzurufen. Es ist eine unabdingbare Voraussetzung für das Lernen und Denken. Die Frage, wie es letztlich funktioniert, ist von der Gedächtnisforschung immer noch nicht endgültig geklärt worden. Von den bisher entwickelten Gedächtnismodellen wird jedoch das Mehrspeicher-Modell am häufigsten verwendet (Baddely et al., 2009). Ihm liegt die Annahme zugrunde, dass das Gedächtnis aus drei eng miteinander verbundenen Speichern besteht:

- sensorisches Gedächtnis,
- Kurzzeitgedächtnis,
- Langzeitgedächtnis.

Die über die Sinneskanäle eintreffenden Informationen gelangen zunächst ins sensorische Gedächtnis, das mit dem Puffer einer Computertastatur vergleichbar ist. Dort werden sie 0,5 bis 2 Sekunden gepuffert. Wird ihnen genügend Aufmerksamkeit zuteil, erreichen sie das Kurzzeitgedächtnis. Dieser Speicher hat nur eine sehr begrenzte Kapazität, und zwar 7 +/– 2 Informationseinheiten (z. B. Wörter, Ziffern). Die Speicherungszeit beträgt 15 bis 20 Sekunden.

Das Kurzzeitgedächtnis wird analog dem Arbeitsspeicher eines Computers auch Arbeitsgedächtnis genannt, es ist die „Werkstatt“ des Gedächtnisses (Woolfolk, 2008, S. 313). Dort werden die neuen Informationen geordnet, mit bereits vorhandenem Wissen verknüpft und wiederholt. Danach gehen sie in das Langzeitgedächtnis über, dessen Speicherkapazität nahezu unbegrenzt ist. Die Langzeitspeicherung selbst erfolgt durch die Veränderung der Kontaktstellen (Synapsen) zwischen den Neuronen. Dabei sind dreierlei Vorgänge möglich:

- Es wird die Übertragungsstärke der Kontaktstelle erhöht.
- Es werden neue Kontaktstellen gebildet.
- Es werden alte Kontaktstellen abgebaut.

Die Langzeiterinnerungen sind auf der Großhirnrinde in Form miteinander vernetzter Neuronen angelegt. Deshalb nennt man diese Gebilde auch Neuronen- oder Gedächtnisnetze.

Häufig lässt uns das Gedächtnis im Stich. Entweder gelangt der Lernstoff erst gar nicht ins Langzeitgedächtnis oder er ist dort zwar gespeichert, kann jedoch nicht abgerufen werden. Am meisten vergessen wird unmittelbar nach einem Lernprozess, danach verlangsamt sich die Wissensabnahme. Dies hat Hermann Ebbinghaus (1885) bereits schon in der Anfangsphase der experimentellen Gedächtnispsychologie nachgewiesen und in Form einer Vergessenskurve dargestellt (siehe Abbildung 6).

Am Vergessen scheinen unterschiedliche Faktoren beteiligt zu sein. Der Hauptfaktor ist mangelnde Wiederholung. Wiederholt man einen Lernstoff nicht, können auf der Großhirnrinde keine strukturellen Spuren (Langzeitspuren) entstehen. Beim Kurzzeitlernen kommt es lediglich zu Aktivitätsspuren, die nach kurzer Zeit zerfallen.

Schülerinnen und Schüler wiederholen nicht gern Lernstoff. Sie empfinden die Prozedur als trocken und langweilig. Nur eine Minderheit tut dies freiwillig und regelmäßig, der Großteil nur unter Druck und kurz vor Klassenarbeiten. Die Aversion gegen das übende Wiederholen sinkt allerdings, wenn man die Erfahrung macht, dass der Zeitaufwand gar nicht so groß ist. Vor allem dann, wenn die Strategie des portionierten, kleinschrittigen Wiederholens angewandt wird. Viele Kurzübungen sind nämlich wirksamer als massierte, lange Wiederholungsphasen.

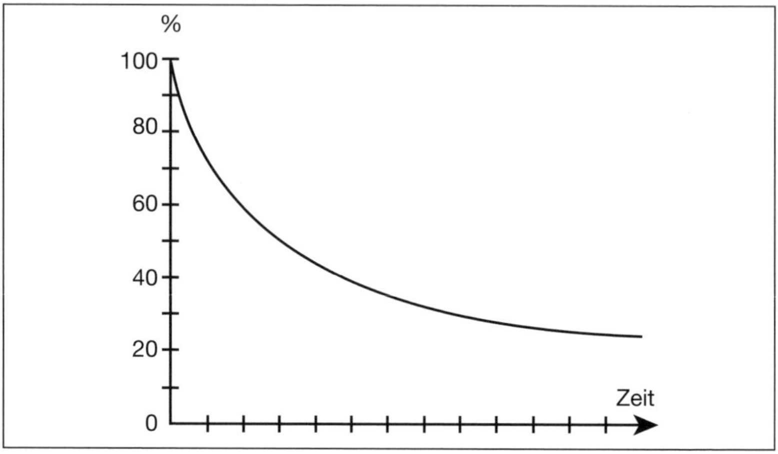

Abbildung 6: Vergessenskurve (Rückgang des Behaltenen im Zeitverlauf) nach Ebbinghaus (1885)

Das Wiederholungslernen lässt sich auch besser bewältigen, wenn man nicht drauflosübt, sondern zunächst eine Fehleranalyse bereits geschriebener Klassenarbeiten durchführt. Hat man durch eine Auszählung typischer Fehler die Lücken ausfindig gemacht, legt man im Kalender Wiederholungstermine (ca. 20 bis 30 Minuten) fest. Solch ein Übungsprogramm ist nicht so stressig wie die Generalwiederholung umfangreicher Stoffgebiete.

Als Hilfsmittel zum systematischen Wiederholungslernen bietet sich das Lernkarteisystem an (Leitner, 2011, siehe Abbildung 7). Die Prozedur beginnt damit, dass schwer merkbarer Lernstoff in eine Frage-Antwort-Form übertragen wird. Hierzu benötigt man DIN-A7-Karteikarten und einen aus fünf Fächern bestehenden Karteikasten. Will man nach diesem System zum Beispiel Vokabeln üben, schreibt man auf die Vorderseite das deutsche Wort bzw. den deutschen Satz und auf die Rückseite das fremdsprachige Wort bzw. den fremdsprachigen Satz. Die beschriebenen Karten werden in das erste Fach des Lernkarteikastens gesteckt. Danach werden sie zum ersten Mal kontrolliert. Die richtig beantworteten Karten wandern ins zweite Fach, die nicht oder falsch beantworteten bleiben im ersten Fach. Das Übungsverfah-

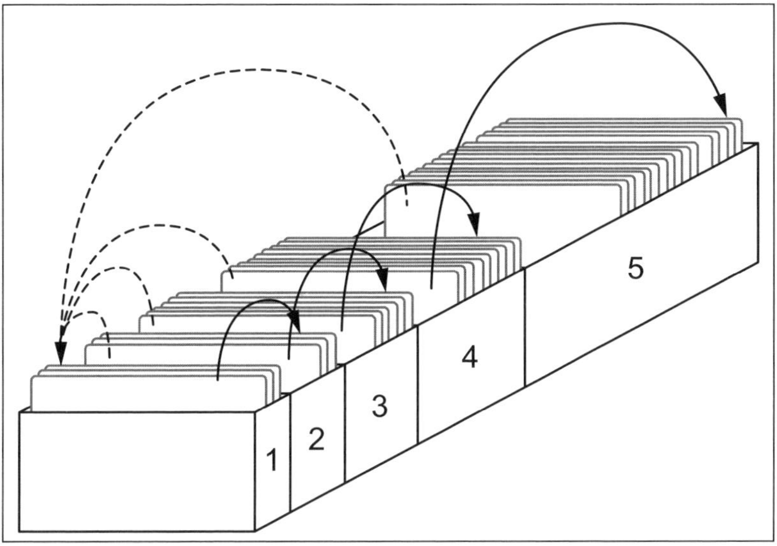

Abbildung 7: Wiederholungslernen nach dem Lernkarteisystem

ren wird so lange fortgesetzt, bis alle Karten im letzten Fach angelangt sind.

Wer dieses klassische Hilfsmittel nicht mag und lieber computergestützt üben möchte, kann stattdessen eine Lernkartei-Software verwenden. Sie funktioniert nach demselben Prinzip und ist komfortabler zu handhaben. Adäquate Angebote findet man im Internet – sowohl kostenlose als auch kostenpflichtige. Ein besonderes Plus der elektronischen Lernkartei ist, dass die Software die Reihenfolge der abzufragenden Lerninhalte ständig automatisch verändert.

Manche Gedächtnisprobleme werden auch durch Gedächtnishemmungen verursacht (Rohracher, 1988). Unter den verschiedenartigen Gedächtnishemmungen kommen voraus- und rückwirkende Hemmungen am häufigsten vor. Sie treten dann auf, wenn Lernstoff zu dicht gedrängt angeeignet wird. Wenn die zuerst gelernten Stoffeinheiten die Erinnerung der nachfolgend gelernten beeinträchtigen, liegt eine vorauswirkende Hemmung vor. Stören die später gelernten die

Erinnerung der zuerst gelernten Stoffeinheiten, spricht man von rückwirkender Hemmung. Diese Blockade kann man durch das regelmäßige Einlegen kleiner Lernpausen verhindern. Wenn hintereinander ähnlicher Lernstoff gelernt wird, kann es ebenfalls zu Gedächtnishemmungen kommen. Diese treten oft beim Vokabellernen auf und werden Ähnlichkeitshemmungen genannt. Ihnen kann man durch die richtige Reihung des Lernstoffs vorbeugen. Es ist zum Beispiel gedächtnispsychologisch ungünstig, zuerst Englisch und gleich hinterher Französisch zu lernen. Besser ist es, nach einem sprachlichen Fach ein naturwissenschaftliches zu lernen. Man sollte also darauf achten, dass zwischen zwei benachbarten Stoffgebieten keine zu enge Beziehung besteht. Auch starke affektive Erregungen können die Speicherung und den Abruf von Lernstoff hemmen. Ist man in einer starken Missstimmung, sollte man lieber warten, bis sie abgeklungen ist.

Wird kurz vor einer Wissensprüfung nochmals neuer Stoff gelernt, so kann die Reproduktion früher gelernten Stoffes gestört werden. In diesem Falle spricht man von Erinnerungshemmungen. Deshalb ist dringend davon abzuraten, sich kurz vor Klassenarbeiten und Prüfungen neuen Lernstoff anzueignen. Und schließlich treten Gedächtnishemmungen auf, wenn man während eines Lernprozesses die Aufmerksamkeit gleichzeitig anderen Inhalten zuwendet. Dieses Phänomen wird als Gleichzeitigkeitshemmung bezeichnet. Deshalb sollte man insbesondere bei schwierigen Lernaufgaben Störquellen ausschalten und sich ganz auf den Stoff konzentrieren.

Die Gedächtnisleistung wird ebenfalls beeinträchtigt, wenn Lernstoff einkanalig gelernt wird (z. B. nur über den Sinneskanal „Lesen“). Dieser einkanalige Lernstil wird in der Schülersprache auch als „Reinziehen“ bezeichnet. Abbildung 8 veranschaulicht, dass die Zentren im Gehirn, die für die Aufnahme und Verarbeitung von Sinnesinformationen zuständig sind, an verschiedenen Stellen auf der Großhirnrinde liegen. Lernstoff wird aus neurobiologischer Sicht im Gehirn umso besser verankert und vernetzt, je mehr Sinneskanäle bei der Stoffaufnahme benutzt werden (Vester, 1998). Für die Lernarbeit ergibt sich daraus die Konsequenz, sich Lernstoff mehrkanalig anzueignen: Lesen, Sprechen, Hören, Schreiben.

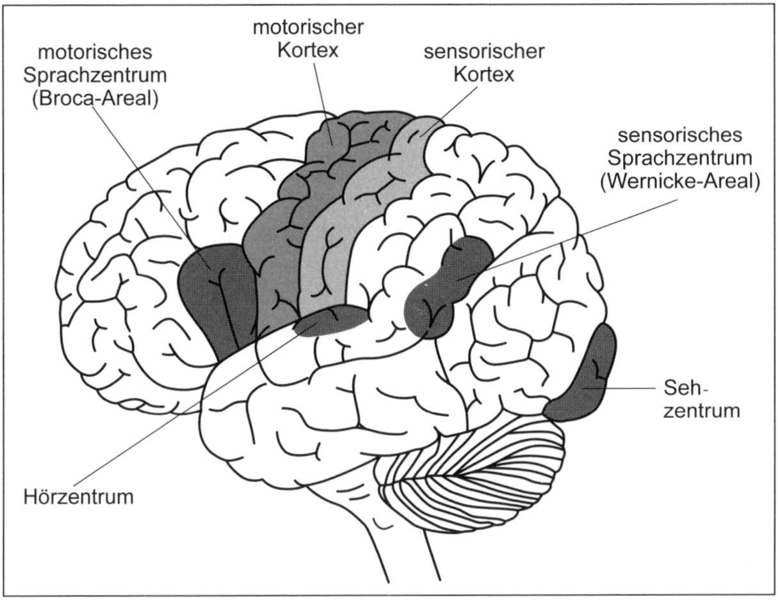

Abbildung 8: Lage der sensorischen Felder in der Großhirnrinde zur Aufnahme und Verarbeitung von Informationen, die über die Sinne vermittelt werden.

Merkprobleme entstehen darüber hinaus, wenn man es bei schwer einprägbaren Inhalten versäumt, das Gedächtnis zu stützen. Die Strategie der Gedächtnisstützung besteht darin, diese mit einfacheren Vorstellungen zu verknüpfen (Woolfolk, 2008, S. 234 ff.). Oder in der Fachsprache der Hirnforschung ausgedrückt: Der Lernstoff wird nicht nur in der sprachlich spezialisierten linken Gehirnhälfte verarbeitet, sondern gleichzeitig auch in der für nichtsprachliche Funktionen (z. B. Bilder, Rhythmen) zuständigen rechten Gehirnhälfte (siehe Abbildung 9).

Eine sehr beliebte Gedächtnisstütze ist das Merken nach Rhythmus und Reim. Mithilfe dieser Gedächtnisstrategie haben sich die antiken Völker lange Heldenlieder wie die Odyssee merken können. Gereimtes und Rhythmisiertes lässt sich besser speichern und abrufen als Ungereimtes und Arhythmisches! Reime lassen sich deshalb leicht merken, weil im neuronalen Netzwerk der Großhirnrinde ein Klang einen ähn-

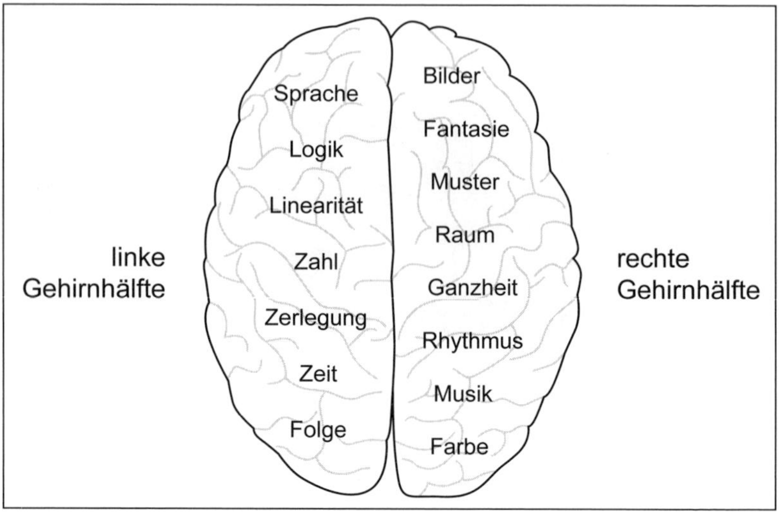

Abbildung 9: Rechte und linke Gehirnhälfte sind auf unterschiedliche Funktionen spezialisiert.

lichen hervorruft – das letzte Wort einer Zeile das letzte Wort der nächsten. Hierzu ein paar Beispiele aus verschiedenen Schulfächern:

- Chemie:
  Erst das Wasser, dann die Säure, sonst geschieht das Ungeheure!
- Deutsch:
  Doppel-s, das weiß ich jetzt, wird immer hinter Kurzvokal gesetzt.
- Englisch:
  Did und Grundform ist die Norm
  nach „did" steht nie die past tense form.
- Erdkunde:
  Iller, Lech, Isar, Inn, fließen rechts der Donau hin,
  Altmühl, Naab und Regen, sind dagegen links gelegen.
- Französisch:
  Toujours a toujours un „s".
- Geschichte:
  Sieben – fünf – drei, Rom kroch aus dem Ei.
- Mathematik:
  Aus Differenzen und Summen
  kürzen nur die Dummen.

- Physik:
  Hältst du den Löffel konkav,
  bleibt die Suppe brav.
  Hältst du ihn konvex,
  macht die Suppe einen Klecks.

Diese Merkverse können durchaus nützlich sein, wenn sie im Buch stehen oder direkt mit dem Lernstoff vermittelt werden. Wenn man nicht gerade ein geübter Verseschmied ist, wird es viel Zeit in Anspruch nehmen, auf jeden schwierigen Merkstoff einen Vers zu machen.

Wie hilfreich der Rhythmus beim Merken ist, wird auch beim Lernen von Zahlenreihen offenbar. Je länger Zahlenreihen nämlich sind, desto schwieriger wird es, sie zu speichern. In diesem Falle rhythmisiert man sie. Man sagt beim Merken der Zahlenreihe 687603 nicht 6.8.7.6.0.3, sondern 68.76.03. Durch dieses Gruppieren wird die ursprüngliche Informationsmenge auf drei Zahlen reduziert und das Kurzzeitgedächtnis entlastet.

Eine ebenfalls wirksame Gedächtnisstütze ist die Anfangsbuchstabenmethode. Mehrere Wörter einer Regel oder eines Sachverhaltes lassen sich besser merken, wenn man ihre Anfangsbuchstaben zu einem leicht zu behaltenden Merkwort zusammensetzt. Wer sich beispielsweise damit schwer tut, die Abfolge der Mittelohrknöchelchen Hammer, Amboss und Steigbügel zu merken, kann aus deren Anfangsbuchstaben das Merkwort HAS (klingt wie Hase) machen. Es wird ihm dann leicht fallen, mithilfe dieses Aufhängers die Lerninformation zu speichern und abzurufen.

Zu empfehlen ist auch die Geschichtentechnik – und zwar dann, wenn relativ unverbundene Informationen gemerkt werden müssen. Werden diese Einzelinformationen in den Sinnzusammenhang einer Geschichte eingebettet, sind sie plötzlich leichter merkbar und abrufbar. Die Geschichte darf durchaus komisch sein. Wichtig ist nur, dass die Wörter durch den Inhalt zusammengehalten werden.

Nicht zuletzt sind Bilder wirksame Merkhilfen, und zwar sowohl innere Bilder (Vorstellungen) als auch äußere Bilder. Bildhafte Vorstellungen sind nötig, wenn es sich um schwer merkbare Begriffe handelt. Diese werden umso besser eingeprägt, je konkreter und gefühlsgeladener sie sind. Sie dürfen durchaus merkwürdig und „verrückt" sein. Auch äußere Bilder stützen das Merken von Begriffen. Zum einen benutzt man vorgefertigte Bilder, wie sie zum Beispiel in Lehrbüchern vorhanden sind, zum anderen kann man aber auch selbst Bilder herstellen. Diese müssen nicht von hohem künstlerischem Wert sein. Wichtig ist nur, dass der Lernstoff auf eine anschauliche und einprägsame Art zum Ausdruck gebracht wird. Selbst gezeichnete „Lern-Comics" sind übrigens besonders einprägsam.

Wer sich den Lernstoff intensiv eingeprägt hat, wird ihn auch wieder gut erinnern können. Dennoch kann es vorkommen, dass einem etwas auf der Zunge liegt, aber momentan nicht erinnert werden kann. In diesem Falle sollte man Abrufstrategien parat haben. Eine häufig gebrauchte Vorgehensweise ist das Alphabetisieren. Das heißt, man geht langsam die Buchstaben des Alphabets durch. Ziel dieser Strategie ist es, auf einen Anfangsbuchstaben zu stoßen, mit dem das gesuchte Wort beginnt. Wer damit nicht erfolgreich ist, sollte es mit dem Analysieren versuchen. Man überlegt sich beispielsweise, ob das Wort lang oder kurz ist, ob es helle oder dunkle Vokale hat. Eine weitere Hilfe ist das situative Abrufen. Man geht zurück in die Situation, in der man den Lernstoff sich angeeignet hat und stellt sich die Einzelheiten des Lernkontextes vor. Ein Merkmal, beispielsweise die damalige Lernstimmung, kann die gewünschte Information hervorholen. Schließlich kann auch der Gebrauch klanglicher Abrufreize das Erinnern erleichtern. Darunter ist zu verstehen, dass verschiedene Laute solange durchprobiert werden, bis das blockierte Wort wieder auftaucht. Schließlich gibt es noch die Kategorisierungstechnik. Soll der Namen eines bekannten Komponisten abgerufen werden, kann man folgende Fragen stellen: Aus welchem Land kam er? Wie hieß die Epoche, in der er gewirkt hat? Wie heißen seine berühmtesten Werke? Hatte er eine besondere persönliche Eigenart? Generell ist zu empfehlen, sich beim Abrufen nicht zu verkrampfen und zu ärgern. Wer sich dabei zu sehr ärgert, produziert Stresshormone, die unsere Erinnerungsblockade zusätzlich verstärken. Besser ist es, Ruhe zu bewahren und Abrufstrategien einzusetzen.

Übung für Schülerinnen und Schüler

Erleichtere dir das Merken der wichtigsten Inhalte des folgenden Textes durch Gedächtnisstützen!

Bakterien sind sehr kleine Lebewesen, die aus einer Zelle bestehen. Es gibt sie überall in unserem Körper. Manche sind sogar lebensnotwendig. So sind sie im Darm für die Verdauung nützlich. Andere sind aber auch als Krankheitserreger gefürchtet. Bei einer bakteriellen Infektion versucht das Abwehrsystem des Körpers, sie zu bekämpfen.

Ihre durchschnittliche Größe beträgt zwischen 1 und 10 Mikrometer (1 Mikrometer = 1 tausendstel Millimeter). Deshalb kann man sie nur durch ein Mikroskop sehen. Sie besitzen keinen echten Zellkern. Die Erbsubstanz liegt frei im Innern der Zelle.

Im Gegensatz zu den Viren können sich Bakterien selbst vermehren, indem sie sich in der Mitte teilen und dann wieder zu eigenständigen Bakterien wachsen. Wenn die Lebensbedingungen gut sind, teilen sie sich sehr schnell.

Es gibt sehr viele Bakterienarten. Unter dem Mikroskop lassen sich verschiedene Formen unterscheiden. Kugelförmige Bakterien heißen Kugelbakterien oder Kokken und, falls sie zu Ketten vereinigt sind, Streptokokken. Auch zu traubigen Gebilden können sie sich zusammenschließen (Staphylokokken). Häufig weisen die Bakterien die Form eines Stäbchens auf (Bazillum, lat. = Stäbchen). Spirillen sind schraubenförmig gewundene Bakterien. Solche, die nur leicht gekrümmt sind (Teil einer Schraubenwindung), heißen Kommabakterien (Vibrionen). Vielfach tragen Bakterien Geißeln und sind dann beweglich.

5.2.4 Konzentriert lernen

Konzentration ist ein „spezieller Aufmerksamkeitszustand“ (Fritz et al., 2010). Sie ist eine wichtige Voraussetzung für einen gut funktionierenden Lernprozess. Konzentriert sein bedeutet, dass der Lernende seine Aufmerksamkeit einem eng umgrenzten Bereich des Wahrnehmungs- und Bewusstseinsfeldes intensiv zuwendet. Reize und Vorstellungen, die außerhalb dieses Feldes liegen, werden weitgehend ausgeblendet.

Optimale Konzentration ist nur für eine begrenzte Zeit möglich. Bei vielen Schülerinnen und Schülern der Sekundarstufe ist sie nicht größer als 30 Minuten.

Die Konzentration ist die störanfälligste psychische Funktion. Als Störfaktoren kommen vor allem in Frage:

- fehlende oder mangelhafte Konzentrationsstrategien,
- kognitive Über- oder Unterforderung,
- zu wenig Wechsel des Lernstoffs,
- zu wenig Wechsel der Lernkanäle,
- chaotischer Arbeitsplatz,
- Lärm,
- Motivations- und Interessenmangel,
- emotionaler Stress (z. B. Prüfungsangst),
- Hirnfunktionsstörungen.

Die selbstständige Konzentrationssteuerung bildet sich erst im Lauf der Entwicklung aus. Jüngere Kinder tendieren dazu, sich von äußeren und inneren Reizen steuern und lenken zu lassen. Diese unwillkürliche Form der Konzentration wird dann immer mehr abgebaut, und zwar zugunsten einer willentlichen und zielgerichteten Aufmerksamkeitssteuerung. Nicht allen Schülerinnen und Schülern gelingt dieser Entwicklungsprozess. Aufmerksamkeits-und Konzentrationsstörungen zählen zu den häufigsten Schulproblemen. Am gravierendsten ist die Aufmerksamkeitsdefizit-/Hyperaktivitätsstörung (ADHS), die letztlich nur außerhalb der Schule diagnostiziert und verändert werden kann (siehe Kapitel 7). Dennoch können beim Lerncoaching erste konzentrationsförderliche Hilfen in Form von Strategien der Konzentrationssteuerung vermittelt werden.

Manches Konzentrationsproblem kann schon dadurch gelöst werden, dass die Begrenztheit der Konzentrationsspanne beachtet wird. Dies bedeutet, beim Lernen und Arbeiten immer mal wieder Lernpausen einzulegen. Somit erhält man das Anspannungs-Entspannungs-Gleichgewicht aufrecht (siehe Abbildung 10). Je nach Länge der bisherigen Lernzeit sind verschiedene Pausentypen zu unterscheiden (siehe folgender Kasten).

Pausentypen in Abhängigkeit von der Lernzeit

- eine Minipause (2 bis 5 Minuten) nach 20 bis 30 Minuten
- eine Midipause (20 bis 30 Minuten) nach 1 ½ bis 2 Stunden
- eine Maxipause (1 bis 2 Stunden) nach 3 Stunden.

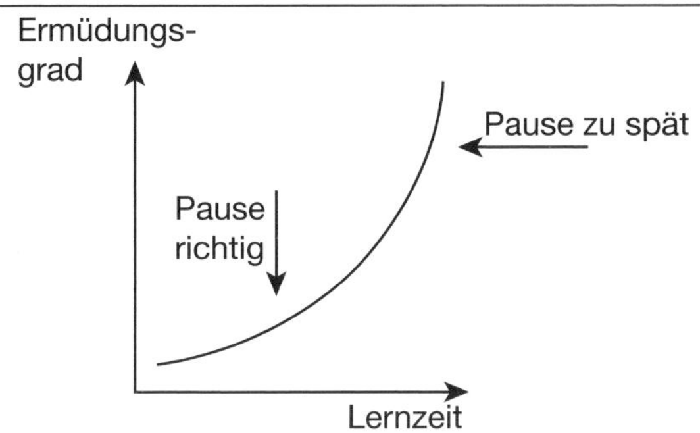

Abbildung 10: Pausenzeitpunkt und Ermüdungsgrad

Zusätzlich zu den natürlichen Pausen empfiehlt sich die Anwendung von Entspannungsverfahren. Mit systematischer Entspannung lädt man nicht nur den „Lernakku“ auf, sondern man lernt auch das Ausblenden von inneren und äußeren Störreizen. Das populärste und am leichtesten erlernbare Entspannungsverfahren ist das progressive Muskelentspannungstraining nach Jacobson (siehe S. 75). Seine Wirkweise besteht darin, dass kurz und intensiv angespannte Muskeln rasch ermüden und sich dann warm und schwer anfühlen. Wenn die wichtigsten Körpermuskelgruppen nacheinander so bearbeitet werden, entsteht allmählich ein entspannter Gesamtzustand. Ebenso gut praktizierbar sind kurze Atem-Entspannungsübungen (siehe S. 75). Man atmet mehrmals tief ein und aus. Dabei richtet man die Aufmerksamkeit bewusst auf die Atmung. Bevor der Lerncoach Schülerinnen und Schülern solche Kurzentspannungsverfahren vermittelt, sollte er sich diese zunächst selbst aneignen.

Das Konzentrationsniveau kann ebenso wirksam erhalten werden, wenn von Zeit zu Zeit der Lernkanal gewechselt wird. Ist man zu Hause mit einem Lerntext beschäftigt, liest man diesen nicht nur durch, sondern fertigt auch Textauszüge an oder gibt wichtige Textinhalte in eigenen Worten mündlich wieder. Ebenso konzentrationsförderlich ist es, wenn man nicht zu lange denselben Stoff bearbeitet, sondern ihn wechselt. Beide Strategien, sowohl der Lernkanalwechsel als auch der Lernstoffwechsel, bewirken eine Aktivierung der Großhirnrinde. Diese erfolgt, wenn neue Reize die sogenannte Formatio reticularis über die sensorischen und motorischen Nervenbahnen passieren. Dieses netzförmige Nervengebilde befindet sich im Hirnstamm und im Rückenmark (siehe Abbildung 11).

Ebenso konzentrationsförderlich ist die Beseitigung optischer und akustischer Störreize am Arbeitsplatz. Je überladener beispielsweise die

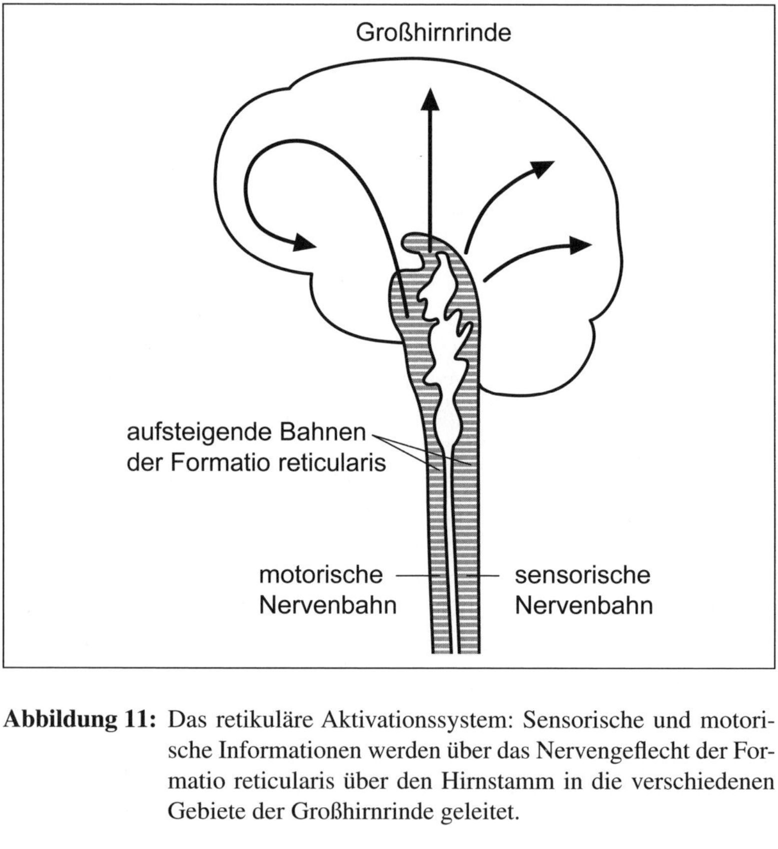

Abbildung 11: Das retikuläre Aktivationssystem: Sensorische und motorische Informationen werden über das Nervengeflecht der Formatio reticularis über den Hirnstamm in die verschiedenen Gebiete der Großhirnrinde geleitet.

Schreibfläche ist, desto schwerer fällt es, sich auf das Wesentliche zu konzentrieren. Konsequenz aus dieser Erkenntnis muss sein, nur das auf dem Schreibtisch zu platzieren, was man augenblicklich braucht. Generell sollten sich im Blickfeld keine ablenkenden Dinge befinden. Was für das Blickfeld gilt, gilt auch für das Ohr. Wer konzentrierte geistige Arbeit verrichtet, sollte nicht gleichzeitig Musik hören (siehe auch Kapitel 5.2.1). Ratsam ist es auch, das Handy abzuschalten. Und wer häufig durch Familienmitglieder bei seiner Arbeit unterbrochen wird, kann ein Schild „Bitte nicht stören!“ an die Tür hängen.

Bei der Konzentrationssteuerung ist auch zu berücksichtigen, dass die Konzentrationsleistung während der Tageszeit schwankt. Innerhalb von 24 Stunden gibt es gewöhnlich zwei Leistungshochs und zwei Leistungstiefs. Das erste Leistungshoch fällt in den Vormittag, das zweite in den Spätnachmittag (siehe Abbildung 12). Das erste Leistungstief liegt in der Nacht, das zweite am frühen Nachmittag (Verdauungsmüdigkeit). Diese Schwankungen treffen auf die meisten Schüler zu. Allerdings gibt es auch Ausnahmen. Hierzu zählen die Morgenmenschen, die schon recht früh sehr arbeits- und konzentrationsbereit sind, aber schon ab dem Spätnachmittag konzentrationsschwach werden. Von der

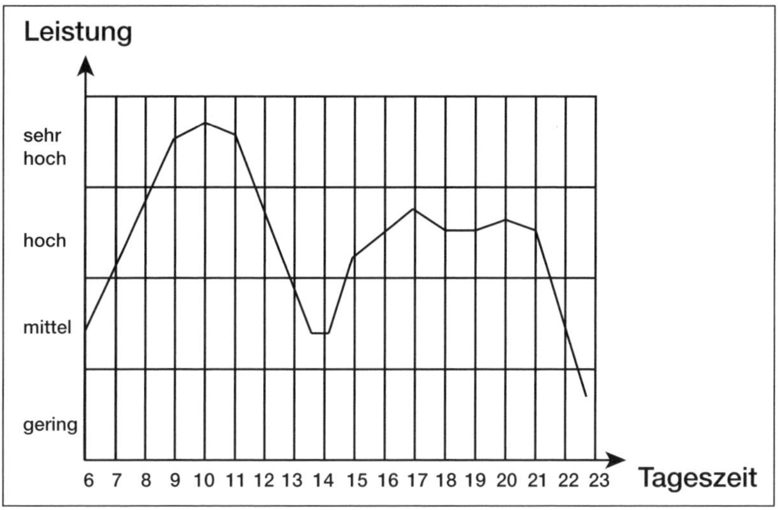

Abbildung 12: Durchschnittliche Tagesleistungskurve

Durchschnittskurve weichen auch die Abendmenschen ab, die sich morgens und am frühen Nachmittag nicht so gut konzentrieren können, ab dem Spätnachmittag bis in die Nacht hinein aber konzentrationsfähig sind. Häufig ist es nicht möglich, die Lernzeit auf die Tagesleistungskurve optimal auszurichten. Oft muss man in biorhythmisch ungünstigen Tagesphasen lernen. Ist dies der Fall, legt man in einer solchen Phase konsequent Kurzpausen ein.

Positiv beeinflusst wird die Konzentrationsleistung auch, wenn man für günstige körperliche Voraussetzungen sorgt. Hierzu gehören insbesondere ausreichender Schlaf, regelmäßige Sauerstoffzufuhr im Arbeitszimmer, eiweiß-, mineralstoff- und vitaminreiche Ernährung sowie genügend Flüssigkeitszufuhr (1,5 bis 2 Liter pro Tag).

Übung für Schülerinnen und Schüler

Notiere an den folgenden fünf Lerntagen, wann deine Konzentration deutlich nachgelassen hat, was wahrscheinlich der Grund dafür war und wie du die Konzentrationsstörung beseitigt hast.

Zeitpunkt der Störung	Grund der Störung	Beseitigung der Störung

Entspannungsübung: Progressive Muskelrelaxation

Spanne jede der folgenden Muskelgruppen zunächst 5 bis 10 Sekunden deutlich spürbar an und lockere sie anschließend wieder. Halte während der Anspannungsphase den Atem möglichst nicht an. Lege zwischen den Einzelübungen eine Ruhepause von etwa einer halben Minute ein. Konzentriere dich während der Ruhepause auf die Empfindungen im zuvor angespannten Muskel.

- Balle die rechte Hand zur Faust.
- Balle die linke Hand zur Faust.
- Spanne den rechten Oberarmmuskel an.
- Spanne den linken Oberarmmuskel an.
- Ziehe die Schultern soweit wie möglich nach oben.
- Drücke das Kinn gegen das Brustbein.
- Ziehe die Augenbrauen nach oben und runzle die Stirn.
- Kneife die Augen zusammen.
- Presse die Lippen zusammen.
- Atme tief ein, halte die Luft an, atme langsam aus.
- Mache ein Hohlkreuz.
- Ziehe die Bauchdecke fest zusammen.
- Drücke die Knie gegeneinander.
- Strecke das rechte Bein aus und belaste den rechten Fußballen.
- Strecke das linke Bein aus und belaste den linken Fußballen.
- Strecke den rechten Fuß zunächst, drehe ihn nach innen und beuge die Zehen
- Strecke zunächst den linken Fuß, drehe ihn nach innen und beuge die Zehen

Atem-Entspannungsübung

- Sitze, den Kopf leicht nach vorn geneigt.
- Lege die Hände auf den Bauch.
- Lasse die Hände in Übereinstimmung mit deinem Atem auf- und absinken.
- Genieße das langsame Fließen deines Atemstroms.

Atem-Entspannungsübung

- Schließe die Augen.
- Atme tief ein und aus.
- Stelle dir vor, dass du beim Einatmen von der Dünung des Meeres gehoben und beim Ausatmen gesenkt wirst.
- Öffne wieder die Augen.
- Strecke dich und recke dich.

5.2.5 Texte lesen und auswerten

Über 80 % des Schulwissens wird über das Lernen aus Texten angeeignet. Somit ist das Lesen der zentrale Lernweg, auf dem Lernstoff in das Gehirn aufgenommen wird, um dort weiterverarbeitet zu werden. Viele Schülerinnen und Schüler haben Schwierigkeiten, die Lesegeschwindigkeit entsprechend der Textart zu wechseln, das Wesentliche vom Unwesentlichen zu unterscheiden, Textauszüge anzufertigen und große Texte systematisch zu erschließen. Damit sie den Inhalt von Texten verstehen und wirksam speichern, benötigen sie Lesestrategien (Woolfolk, 2008, S. 719 ff.).

Lesegeschwindigkeit abwechseln

Die Lesegeschwindigkeit sollte auf die Textart abgestimmt werden. Wer einen bekannten Text wiederholen oder sich über einen neuen Text lediglich einen Überblick verschaffen möchte, kann ihn sehr schnell lesen (= diagonales Lesen). Die nächstniedrige Geschwindigkeitsart ist das eilende Lesen. Hier überspringt man immer mal wieder Zeilen, deren Inhalt uninteressant ist. Bei relativ schwierigen Texten ist das gründliche Lesen angezeigt. Hier liest man gründlich Zeile für Zeile. Und da kann es sinnvoll sein, manche Zeile auch nach der Wort-für-Wort-Methode zu lesen.

Wichtiges markieren

Um einen Textinhalt zu verstehen und zu behalten, muss man ihn gründlich bearbeiten. Hierzu gehört das Markieren wichtiger Textstellen, indem man wichtige Wörter oder Sätze unterstreicht oder mit dem Leuchtmarker hervorhebt. Allerdings sollte man dies erst tun, wenn man sich einen Überblick verschafft hat und ungefähr weiß, wo die wesentlichen Inhalte und Kerngedanken stehen. Ist der Überblick nicht vorhanden, läuft man Gefahr, zu viel zu kennzeichnen.

Wichtige Textstellen mit Randzeichen zu versehen, ist eine weitere Variante des gründlichen Lesens. Man kann hierzu Buchstaben oder auch Symbole verwenden. Zu beachten ist, dass man die Zeichen einheitlich verwendet, sonst weiß man später nicht mehr, was sie bedeuten. Wie ein solches Zeichensystem aufgebaut werden kann, zeigen die folgenden Beispiele:

B	Beispiel
D	Definition
K	Kerngedanke
N	Nachschlagen/Nachfragen
V	Vergleich
Z	Zusammenfassung

→	Beispiel
:	Definition
!	Kerngedanke
?	Nachschlagen/Nachfragen
↔	Vergleich
$\sum$	Zusammenfassung

Wer regelmäßig und systematisch markiert, gewinnt viel Lernzeit. Dies bewahrheitet sich vor allem dann, wenn man den Text später für eine Klassenarbeitsvorbereitung, Prüfungsvorbereitung oder ein Referat wieder verwenden muss. Statt ihn Wort für Wort zu lesen, muss man sich jetzt nur noch auf die Textstellen konzentrieren, die zu einem früheren Zeitpunkt markiert wurden.

Textauszüge anfertigen

Beim Lesen umfangreicher Texte sollten wesentliche Inhalte in Form von Auszügen festgehalten werden. Vor allem bei Literatur, die aus Bibliotheken entliehen wurde, ist es sehr ratsam, wesentliche Inhalte aus dem Text herauszuschreiben (= exzerpieren), weil das Gedächtnis nicht alles speichern kann. Solche Textauszüge, die auch als Exzerpte bezeichnet werden, sind externe Speicher, auf die beispielsweise bei der Anfertigung eines Referats oder einer Facharbeit zurückgegriffen werden kann.

Der Textauszug kann sowohl eigene Worte als auch wörtliche Zitate enthalten. Wichtig ist, dass man sich dabei sparsam verhält und nicht zu viel notiert, sonst macht man keinen wirklichen Auszug, sondern schreibt den Text letztlich ab.

Den Textauszug kann man zum einen auf Blätter (DIN A4) oder auf Karteikarten (DIN A5) schreiben, was klassisches Exzerpieren genannt wird. Die andere Möglichkeit ist, ihn direkt in ein Textverarbeitungssystem einzutippen. Um später wieder möglichst rasch auf die Informationen zurückgreifen zu können, sollten am Kopf der Karte, des Blattes oder des Dokuments ein Oberbegriff sowie ein Unterbegriff als Suchstichwörter angebracht werden. In die Mitte trägt man die exzerpierten Informationen ein. Bei Zitaten die Seitenzahl nicht vergessen! Unten wird dann auf den Autor, Titel, Erscheinungsort, Verlag und das Erscheinungsjahr verwiesen. Ein Beispiel für den Aufbau des Exzerptes zeigt Abbildung 13.

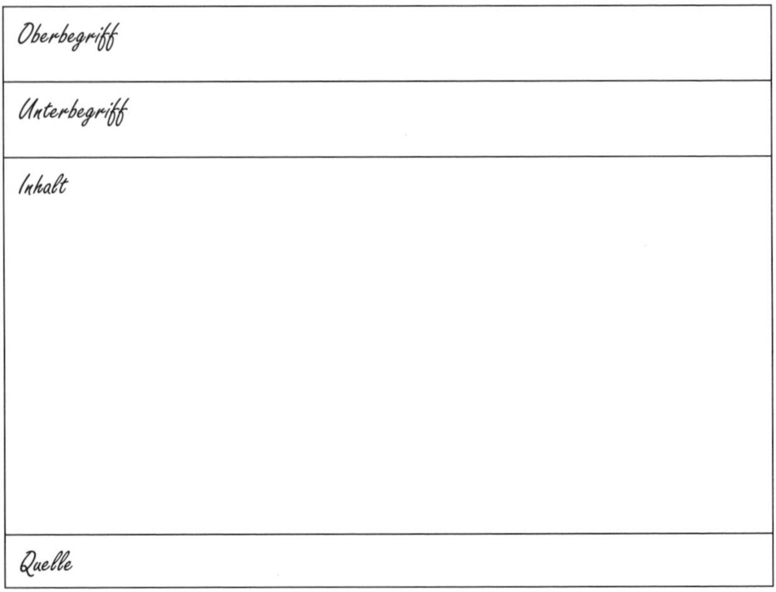

Abbildung 13: Struktur des Textauszugs

Die Textauszüge werden in den Karteikästen und Ordnern entsprechend den Oberbegriffen so eingeordnet, dass ohne Probleme auf sie zugegriffen werden kann.

Schrittweise Lesen

Längere Texte (Kapitel, Broschüre, Buch) müssen systematisch durchgearbeitet werden. Hierzu bietet sich die Fünf-Schritte-Methode an.

Fünf-Schritte-Methode

- Schritt 1: Text überfliegen
- Schritt 2: Fragen zum Text stellen
- Schritt 3: Text lesen
- Schritt 4: Text zusammenfassen
- Schritt 5: Text wiederholen

Schritt 1 soll dem Leser einen ersten Überblick verschaffen. Dieser entsteht nicht, indem man sofort Satz für Satz liest, sondern den Text überfliegt. Zum Überfliegen eignet sich auch das Lesen von Einleitungen, Inhaltsverzeichnissen, Klappentexten oder Zusammenfassungen.

Schritt 2 verlangt das Stellen von Fragen. Grundlage hierfür sind die Informationen, die der Leser durch Schritt 1 gesammelt hat. Man fragt sich, was neu ist und was man schon weiß. Man sondiert, wo Informationen stecken, die für ein Referat oder eine Facharbeit brauchbar sind. Wer auf diesen Schritt besondere Mühe verwenden möchte, kann die Kapitelüberschriften in Fragen umformulieren.

Schritt 3 bedeutet gründliches Lesen des Textes. Es ist ratsam, diesen Leseprozess in kleine Schritte zu unterteilen, nach jedem Schritt eine Pause einzulegen und dabei zu überlegen, ob die an den Text gestellten Fragen hinreichend beantwortet sind. Dann sollte man Zeichnungen, Abbildungen und Tabellen genau studieren. Wenn unbekannte Wörter auftauchen, übergeht man diese nicht aus Bequemlichkeit, sondern schlägt in einem Lexikon nach.

Schritt 4 heißt, den Text zusammenzufassen, indem man wichtige Textstellen unterstreicht, Merkzeichen anbringt oder Auszüge anfertigt.

Man kann auch Textpassagen in eigenen Worten schriftlich oder mündlich zusammenfassen.

Schritt 5 dient der Wiederholung des Gesamttextes. Dies bedeutet jedoch nicht, dass alles wieder gründlich durchgelesen werden muss. Wiederholen kann man, indem man beispielsweise die markierten Textstellen und die Textauszüge liest. Außerdem prüft man, ob die in Schritt 2 gestellten Fragen wirklich beantwortet worden sind.

Die Fünf-Schritte-Methode ist in der Tat mit einigem Zeitaufwand verbunden. Wem dieser zu hoch erscheint, kann die Methode zur Drei-Schritte-Methode verkürzen, indem er Schritt 5 vorerst weglässt und die Schritte 3 und 4 zu einem Schritt zusammenlegt.

Drei-Schritte-Methode

- Schritt 1: Text überfliegen
- Schritt 2: Fragen an den Text stellen
- Schritt 3: Wichtige Textstellen gründlich lesen und zusammenfassen

Sowohl die Fünf-Schritte-Methode als auch die Drei-Schritte-Methode sollen, wie anfangs schon erwähnt, nur dann angewandt werden, wenn größere Textmengen verarbeitet werden müssen. Sie eignen sich kaum dazu, kleinere Lehrbuchkapitel durchzuarbeiten. Denn diese muss man von vornherein gründlich und intensiv durcharbeiten.

Übung für Schülerinnen und Schüler

- Lies den Text konzentriert durch.
- Unterstreiche wichtige Wörter.
- Bilde ein paar kurze Merksätze.
- Beantworte die Fragen auf der nächsten Seite.

Im leeren Raum nimmt die Geschwindigkeit eines fallenden Körpers gleichmäßig zu; anders gesagt, er fällt gleichmäßig beschleunigt. Das gilt auf dem Mond ebenso wie auf der Erde oder an anderen Stellen, allerdings mit recht unterschiedlichen Beschleunigungswerten: Ein Apfel zum Beispiel, der auf der Erde aus 5 m Höhe vom Baum fällt, schlägt nach einer Sekunde am Boden auf, und zwar mit einer Geschwindigkeit von 10 m/s; die Beschleunigung während des Fallens

– kurz gesagt: die Fallbeschleunigung (g) – beträgt nämlich auf der Erde (rund) 10 m/s^2. Und auf dem Mond? Da spielt sich das Fallen viel „gemächlicher" ab: Ein Gegenstand, der einem Astronauten bloß aus 80 cm Höhe aus der Hand fällt, braucht eine volle Sekunde bis zum Mondboden und schlägt mit einer Geschwindigkeit von nur 1,6 m/s (etwa Fußgängertempo) auf. Die Fallbeschleunigung beträgt auf dem Mond nämlich 1,6 m/s^2.

Auf dem Planeten Jupiter andererseits, der größer als unsere Erde ist, geht es noch viel „rasanter" zu als bei uns: Die Fallbeschleunigung ist dort 26 m/s^2; bereits in der ersten Sekunde des Fallens (in der schon 13 m zurückgelegt werden) erreicht ein Körper also eine Geschwindigkeit von 26 m/s, das sind fast 100 km/h. Genau genommen ist nicht einmal auf der Erde die Fallbeschleunigung überall gleich: An den Polen ist sie etwas größer als am Äquator, und in größeren Höhen kleiner als in der Nähe des Erdbodens; in mittleren Breiten hat die Fallbeschleunigung (in Bodennähe) den Wert $g = 9{,}81\ m/s^2$. An ein und derselben Stelle der Erde oder überhaupt des Weltalls fällt aber (im leeren Raum) jeder Körper mit derselben Beschleunigung – unabhängig davon, aus welchem Material er besteht, wie groß er ist, oder welche Eigenschaften er sonst noch hat.

Diese Tatsache macht den Zustand der Schwerelosigkeit verständlich: Ein Raumschiff, das ohne Antrieb beispielsweise vom Mond zur Erde fliegt, „fällt" ihr einfach entgegen. Da nun jeder Körper am selben Ort im Weltall völlig gleichartig fällt – die Astronauten genauso wie das Raumschiff – fallen alle so, dass keiner die anderen „überholt": Keiner wird schneller als die anderen; relativ zueinander bleiben sie deshalb „in Ruhe". Die Astronauten können daher im oder neben dem Raumschiff schweben, ohne irgendwo anzustoßen oder fortzufliegen. Ebenso können auch Geräte, Lebensmittel und andere Dinge im Raumschiff „schwerelos" schweben; denn auch sie fallen zwar, aber sie fallen weder schneller noch langsamer als das Raumschiff, und bleiben so in ihm in der Schwebe – ein seltsamer, ungewohnter Zustand.

Beantworte bitte folgende Fragen schriftlich!

1. Wie viel beträgt die Fallbeschleunigung auf der Erde?

___

___

2. Wo ist die Fallbeschleunigung größer: auf dem Jupiter oder auf dem Mond?

___

___

3. Ist im luftleeren Raum die Fallbeschleunigung unabhängig vom Material eines Körpers?

___

___

4. Warum können die Astronauten neben dem Raumschiff schweben, ohne fortzufliegen?

___

___

5. Wie viel Meter legt ein Wattebausch in einer Sekunde zurück, wenn man ihn auf dem Mond fallen lässt?

___

___

5.2.6 Referate verfassen und präsentieren

Das Schreiben und Präsentieren von Referaten ist eine Aufgabe, die in vielen Schulfächern gestellt wird. Hierzu benötigen die Schülerinnen und Schüler Strategien der Informationsbeschaffung, der Textproduktion und Präsentation. Erwartet werden dabei viel Selbstverantwortung und Selbstständigkeit. Auch in diesem Terrain des schulischen Lernens, das zunächst als ungewohnt und schwierig erlebt wird, ist Anleitung und Beratung erforderlich.

Schriftliches Referat

Das schriftliche Referat informiert den Leser sachlich, kurz und bündig über ein Thema. Um diesen Sachbericht erstellen zu können, muss man sich zunächst kundig machen. Zum einen durchsucht man den Wissensspeicher im eigenen Kopf. Zum anderen bittet man den Lehrer um Hinweise auf Bücher, Artikel oder Internetquellen.

Egal, ob man schon erste Tipps erhalten hat oder nicht, man sollte auf jeden Fall eine selbstständige Informationssuche durchführen. Ein erster Suchort ist die nächstgelegene öffentliche Bibliothek. Dort benutzt man den elektronischen Autoren- oder Schlagwortkatalog, um zu recherchieren, ob es zur Person (z. B. Heinrich Böll) oder zu einem Thema (z. B. Menschenrechte) Bücher oder Zeitschriften gibt. Damit man diese dann im entsprechenden Regal findet, schreibt man sich die Signatur auf. Entweder leiht man das Buch aus oder man macht sich Kopien der entsprechenden Seiten. Wichtig ist, nicht zu viel mit nach Hause zu nehmen.

Ist diese erste Informationssuche abgeschlossen, kommt als nächstes die Internetrecherche. Man gibt in das Suchfeld einer Suchmaschine das Suchstichwort ein, überfliegt zunächst das Material und öffnet jene Quellen, die interessant erscheinen. Herunterladen oder direkt ausdrucken sollte man nur das, was wirklich wichtig ist, sonst erstickt man in der Informationsflut. Dann kann man auch noch in elektronischen Nachschlagewerken oder in herkömmlichen Lexika nachschauen, ob dort Informationen zum Referatsthema vorhanden sind. Lexikonartikel verschaffen einem einen guten und kompakten Überblick. Und schließlich kann man Personen innerhalb oder außerhalb der Familie befragen, ob sie über spezielles Wissen zum Thema verfügen.

Sind genügend Informationen vorhanden, beginnt die Auswertung. Man liest die Quellen gründlich. Im kopierten Textmaterial markiert man wichtige Wörter und Sätze. Aus entliehenen Büchern schreibt man wichtige Informationen in Stichworten oder in Sätzen heraus. Anschließend wird das markierte und herausgeschriebene Material in eine übersichtliche Form gebracht. Diese Übersicht lässt sich übrigens leichter erstellen, wenn man die verschiedenen Informationen auf Kärtchen notiert. Nach der Sortierung fertigt man eine Gliederung an, und zwar so, als wollte man einen Schulaufsatz schreiben. Die Grobgliederung heißt: Einleitung – Hauptteil – Schluss. Innerhalb dieser drei Teile reiht man die entsprechenden Oberbegriffe sinnvoll. Jetzt schreibt man einen sachlich richtigen, verständlichen und prägnanten Text in eigenen Worten. Übernimmt man Inhalte wörtlich oder sinngemäß aus einem fremden Werk, müssen die Quellen durch einen Kurzbeleg oder Vollbeleg angegeben werden. Wörtliche übernommene Textteile kennzeichnet man durch Anführungs- und Schlusszeichen. Normalerweise werden alle benutzten Quellen am Ende des Referats in Form eines Literaturverzeichnisses zusammengestellt. Bei Büchern und Zeitschriftenartikeln gibt man den Autor, den Titel, den Erscheinungsort, den Verlag sowie das Erscheinungsdatum an, bei Internetquellen die Internetadresse mit Datum.

Wer ein Referat erstellen muss, darf die Zeitplanung nicht vergessen. Das heißt, dass man überlegt, wie viel Zeit für die Informationssammlung, Auswertung und Referatserstellung vonnöten sein wird und wann man beginnen muss. Dies wird in einem Plan schriftlich festgehalten. Und während der Referatsproduktion wird immer mal wieder kontrolliert, ob man im Plan ist.

Übung für Schülerinnen und Schüler

Suche dir ein Thema aus, das sich für ein Referat eignet. Denke nach, was du davon schon weißt. Stelle dieses Wissen in Form einer Mind Map zusammen. Überlege, wo du dir weitere Informationen beschaffen könntest.

Mündliches Referat

Referate sind nicht nur schriftlich anzufertigen, sondern sie müssen meist auch mündlich vorgetragen werden. Das Präsentieren erzeugt nicht selten Lampenfieber und Kopfzerbrechen. Und zwar vor allem dann, wenn man ohne Strategie an diese Aufgabe herangeht. Weniger problematisch ist das Präsentieren, wenn man es überlegt anpackt.

Zunächst ist davon abzuraten, das Problem dadurch zu lösen, dass man den Vortrag weitgehend oder gänzlich vorliest. Dies wird die Zuhörer frustrieren, die allerdings auch nicht erwarten, dass der Vortrag völlig frei gehalten wird. Am besten ist es, man fertigt sich vor der Präsentation einen Leitfaden an. Dieser enthält die wichtigsten Kerngedanken in Form eines folgerichtigen Ablaufs. Damit hat man ein Klettergerüst, mit dem sich der „Präsentationsberg“ gut besteigen lässt.

Die Präsentation beginnt man mit einer motivierenden Einleitung. Sie soll kurz sein, die Aufmerksamkeit wecken, an das Vorwissen der Zuhörer anknüpfen und eine Übersicht über das Thema vermitteln.

Nun wird der Hauptinhalt vorgetragen. Dabei sollte man deutlich hörbar und eher langsam sprechen. Die Sätze sollten kurz, einfach und klar sein. Der Zuhörer ist kein Leser! Bandwurmsätze strapazieren seine Aufnahmefähigkeit. Hörerfreundlich ist es auch, wenn man hin und wieder kurz stoppt.

Schwierige Fachwörter und Begriffe sind gegebenenfalls zu erklären. Wann dies vonnöten ist, kann man gut an der Mimik der Zuhörer erkennen. Deshalb immer Blickkontakt halten!

Präsentieren heiß nicht nur vortragen, sondern wichtige Kernaussagen, Daten und Zahlen verständlich und wirkungsvoll visualisieren. Hierfür bieten sich folgende Möglichkeiten an:
- Poster auf Stellwänden oder am Flipchart,
- Folienpräsentation mit dem Tageslichtprojektor,
- Multimediapräsentation mit Powerpoint.

Wichtig ist, dass zwischen den Hauptpunkten Übergänge und Überleitungen eingebaut werden. Ansonsten gerät der Vortrag zu einem stressigen Stakkato. Stress vermeidend ist es auch, wenn die Präsentation nicht länger als 30 bis 40 Minuten dauert.

Die Präsentation schließt man normalerweise mit einer Kurzzusammenfassung ab, an deren Ende man ein Handout verteilen kann. Das Handout ist eine DIN A4-Seite, auf der die Vortragsinhalte kurz und bündig zusammengefasst sind.

Es ist ratsam, nach dem Schlusswort nicht sofort eine Aussprache zu beginnen. Man kann die Zuhörerinnen und Zuhörer aufzufordern, sich in Gruppen (ca. 3 bis 4 Personen) über den Vortrag auszutauschen und gemeinsam zu überlegen, welche Fragen offen geblieben sind. Diese können dann in der anschließenden Frage-Antwort-Runde geklärt werden.

Wer sich mit dem Vortragen schwer tut, sollte zu Hause eine Probepräsentation durchführen. Falls möglich, bittet man eine vertraute Person, dabei anwesend zu sein und rückzumelden, was gut war und was noch verbessert werden muss.

Die präsentierende Person muss auch die entsprechenden Medien (z. B. Beamer) handhaben lernen und außerdem vor der Präsentation prüfen, ob diese funktionieren.

Übung für Schülerinnen und Schüler

Ein Knackpunkt des mündlichen Referierens ist das freie Sprechen. Übe es, indem du den Vortrag zu Hause zunächst allein probst. Anschließend hältst du den Vortrag vor Personen, die dir vertraut sind. Bitte sie darum, dir zu sagen, was gut ist und was noch verbessert werden muss.

5.2.7 Probleme lösen

Lernen ist letztlich nur dann erfolgreich, wenn das Gelernte auf die Lösung von Problemen übertragen werden kann. Problemlösen heißt, einen Ist-Zustand in einen erwünschten Soll-Zustand umzuwandeln, „wobei es gilt, eine Barriere … zu überwinden“ (Fritz et al., 2010, S. 130). Dabei wird zwischen systematischem und kreativem Problemlösen unterschieden.

Zur Lösung von Problemen brauchen Schüler nicht nur fachbezogenes Wissen, sondern auch strategisches und metakognitives Wissen (Arbinger, 1997). Letzteres bedeutet, dass sie wissen, über welche Fachinhalte, Lösungsverfahren und Lösungsstrategien sie verfügen.

Beim systematischen Problemlösen werden ein Ausgangs- und ein Zielzustand genau beschrieben. Typisch hierfür sind mathematisch-naturwissenschaftliche Aufgaben. Den Lösungsweg bewältigt man durch

Vorwärtssuche (Schritt-für-Schritt) oder durch Rückwärtssuche. Letzteres bedeutet, dass man sich überlegt, wie der letzte Schritt vor dem Ziel aussehen müsste und bewegt sich dann vom Ziel zum Ausgangszustand schrittweise zurück. Am häufigsten praktizieren Problemlöser die Vorwärtssuche. Man sieht sich die Problemstellung genau an und überlegt sich, welche Informationen für die Problemlösung wichtig sind. Eventuell zerlegt man das Problem in Unterprobleme. Und nicht selten kommt man der Lösung näher, wenn man die Aufgabe zeichnerisch darstellt.

Ist diese Ausgangsbasis geschaffen, beginnt man den Aufstieg auf den „Problemberg". Man überlegt sich, welche Regeln man anwenden kann und ob man schon einmal ähnliche Aufgaben bearbeitet hat. In dem Moment tauchen häufig schon Lösungsmuster auf. Durch lautes Denken, was allerdings nur in den eigenen vier Wänden möglich ist, kann man sich die Schrittfolge der Lösung verdeutlichen. Zusätzlich hilfreich kann es sein, wenn man die Aufgabe vereinfacht und eine Lösung modellhaft durchspielt. Möglicherweise muss man zwischendurch nochmals zur Aufgabenstellung zurück.

Ist der Weg zum Ziel geklärt, beginnt die praktische Lösungsarbeit, indem man beispielsweise eine Physikaufgabe rechnet. Wer sich in dieser Phase der Problemlösung befindet, darf Zwischen- und Endkontrollen nicht vergessen.

Nicht alle Probleme werden in Form von Aufgaben dargeboten, die schrittweise und durch genau festgelegte Handlungen gelöst werden können. Es gibt auch Probleme, deren Vorgabe vieldeutig ist und zu deren Lösung keine Regeln und Handlungen abrufbar sind. Sie sind nur lösbar durch Umdenken, durch die Herstellung neuer Beziehungen, durch neue Ideen und Wege. Dieses Problemlösen wird deshalb kreatives Problemlösen genannt. Wer schöpferisch denken möchte,

- braucht Geduld, Ausdauer und Zähigkeit,
- muss das Problem aus verschiedenen Perspektiven betrachten,
- sollte zunächst einmal Ideen sammeln, bevor er sie kritisch bewertet (Brainstorming),
- muss die Ideen übersichtlich darstellen und zwischen den Ideen Beziehungen herstellen,

- entscheidet sich für eine lösungsträchtige Idee und testet sie aus, bis das Ausgangsproblem gelöst ist.

Gegebenenfalls besteht die vorläufige Lösung auch darin, dass man sich vom Problem löst und das Unbewusste weiterarbeiten lässt. Die Lösung kann einem dann plötzlich in den Sinn kommen, weshalb dieses Phänomen auch als Aha-Erlebnis bezeichnet wird.

Übung für Schülerinnen und Schüler

Verbinde die neun abgebildeten Punkte mit maximal vier Strichen, ohne den Stift abzusetzen. Sprich dabei das, was du denkst und tust, laut aus.

O O O

O O O

O O O

- Was hat dir zur Lösung des Problems verholfen?
- Falls du das Problem nicht lösen konntest, was war die Ursache?
- Was hast du für künftige Problemlösungen gelernt?

5.2.8 Prüfungen bewältigen

Prüfungen, die zum Abschluss der verschiedenen Bildungswege zu absolvieren sind, haben für die Schülerinnen und Schüler einen lebensbedeutsamen Stellenwert. Deshalb rufen sie oft negative Emotionen hervor. Hierzu gehört vor allem die Prüfungsangst. Es handelt sich um eine besondere Variante der Leistungsangst. „Je nach Ausprägung und Intensität kann Prüfungsangst bereits die Vorbereitung auf die Prüfung und die Leistung in der Prüfung substanziell beeinträchtigen“ (Holodynski, 2013, S. 1237). Da ein schlechtes Lernverhalten und defizitäre

Lernstrategien an der Prüfungsangst ursächlich stark beteiligt sind, kann im Lerncoaching darauf eingegangen werden.

Das Management von Prüfungen beginnt damit, dass sie stofflich und zeitlich gut geplant und vorbereitet werden. Dadurch wird übermäßige und unnötige Prüfungsangst von vornherein verhindert. Wenn die Prüfungsanforderungen und Grobziele bekannt sind, stellt man die Vorbereitungsunterlagen zusammen. Hierzu zählen zunächst einmal diejenigen Bücher, Referate, Hefte, Exzerpte, Lernkarteikarten und Dateien, die prüfungsrelevanten Stoff enthalten. Falls durch die Materialsammlung der Prüfungsstoff nicht voll abgedeckt werden kann, müssen weitere Informationen beschafft, durchgearbeitet und ausgewertet werden. Zu den Vorbereitungsunterlagen gehören schließlich auch Bücher, in denen frühere Prüfungsaufgaben mit Lösungen zusammengefasst sind. Sie sind für die einzelnen Prüfungsfächer im Buchhandel erhältlich.

Auf die Stoffsammlung folgt die Zeitplanung. Es wird festgelegt, welche Stoffeinheiten in welchen Zeitabschnitten bewältigt werden. Erweist sich der Zeitplan als unrealistisch, muss er nochmals geändert werden. Es ist sehr ratsam, am Ende der Vorbereitung genügend Zeit für eine Gesamtwiederholung einzuplanen.

Das tägliche Vorbereitungspensum sollte zeitlich nicht überdehnt werden. Intensive geistige Arbeit ist nur maximal 8 Stunden möglich. Wer konzentriert lernt, benötigt nicht mehr als 5 bis 6 Stunden. Wichtig dabei ist, dass immer wieder Lernpausen eingelegt werden, um das Anspannungs-Entspannungs-Gleichgewicht aufrechtzuerhalten. Die Lernzeit darf auch nicht so aussehen, dass man sich stundenlang mit ein- und demselben Stoffgebiet beschäftigt. Die Stoffgebiete sollen abgewechselt werden. Darüber hinaus empfiehlt sich immer mal wieder eine Wiederholung bereits durchgearbeiteten Stoffes, und zwar in kleinen Einheiten.

Zum Angstabbau beitragen können Übungen, in denen die Prüfungssituation vorweggenommen und durchgespielt wird. So kann man sich selbst Fragen stellen und diese schriftlich oder laut beantworten. Oder man nimmt sich ein Thema vor und versucht, dieses stichwortartig zu bearbeiten (Ideensammlung + Gliederung).

Auch Vorbereitungsgruppen (3 bis 5 Teilnehmer) bieten die Möglichkeit des Informationsaustausches, der wechselseitigen Wissenskontrolle, des „Prüfungsspiels“ und der emotionalen Stützung. Trotz dieser Vorteile sollte der Schwerpunkt in der Einzelarbeit liegen.

Wer sich auf eine Prüfung gründlich vorbereitet, ist auf der sicheren Seite. Von hin und wieder auftretenden Ängsten darf man sich nicht irritieren lassen. Ein gewisses Angstquantum ist nicht zu vermeiden und sollte als solches toleriert werden. Tritt die Angst in starkem Maße auf, kann man sich an die nächstgelegene schulpsychologische Beratungsstelle wenden. Dort wird kompetente Hilfe angeboten.

Hilfreiche Tipps zur Prüfungsvorbereitung sind auch von ehemaligen Prüflingen zu erhalten. Sie können wichtige Informationen geben zu Vorbereitungsmaterialien, zur Zeitplanung, zum Verhalten in der Prüfungssituationen und zur Psyche der Prüferinnen und Prüfer.

Übung für Schülerinnen und Schüler

Rufe eine Klassenarbeit oder Prüfung in Erinnerung, die du gut bewältigt hast. Sieh dir den Erfolgsfilm vom ersten Vorbereitungstag bis zum Prüfungstermin auf deiner inneren Leinwand an.

- Welche Vorgehens- und Verhaltensweisen haben aus deiner Sicht wesentlich zum Erfolg geführt?
- Worauf musst du bei künftigen Prüfungen besonders achten?

5.3 Vermittlung fachbezogener Lernstrategien

Neben dem allgemeinen, fächerübergreifenden Strategierepertoire müssen die Schülerinnen und Schüler auch auf spezielle Inhaltsbereiche und Aufgabenstellungen bezogene Strategien beherrschen. Dies ist der Fall, wenn sie Vokabeln lernen, sich grammatische Regeln aneignen, fremdsprachige Texte übersetzen, Aufsätze in der Muttersprache verfassen, Mathematik lernen oder mathematisch-naturwissenschaftliche Textaufgaben lösen.

5.3.1 Vokabeln lernen

Wer sich eine Fremdsprache aneignen möchte, muss Vokabeln lernen. Es sind die Bausteine, aus denen fremdsprachige Sätze zusammengesetzt sind. Für die Wortschatzaneignung sind Lernstrategien sehr bedeutsam und nützlich (Adamczak-Krysztofowicz & Stork, 2007; Neuner-Anfindsen, 2005).

Die wirksamste Vokabel-Lernstrategie besteht darin, die Wörter über mehrere Sinneskanäle aufzunehmen. Dadurch werden unterschiedliche Hirnfelder aktiviert, was die Einprägung der Wörter sehr erleichtert. Es wäre nicht hirngerecht, wenn man sie hauptsächlich über den visuellen Sinneskanal ins Gehirn aufnehmen würde. Um sie auf der Großhirnrinde sicher zu verankern, ist mehrkanaliges Lernen erforderlich. Deshalb spricht man Vokabeln laut aus, schreibt sie, stellt sie sich bildhaft vor und verknüpft sie mit Körperbewegungen. Darüber hinaus ist es wichtig, Vokabeln in kleine Sätze und Ausdrücke einzubetten. Zu vermeiden ist das Lernen von Wortgleichungen, was auch als „nacktes“ Vokabellernen bezeichnet. Nackt gelernte Vokabeln werden leichter vergessen als im Zusammenhang gelernte. Dies kommt der Arbeitsweise des Gehirns, Wissen netzartig zu speichern, sehr entgegen.

Der Vorgang des Vokabellernens besteht aus mehreren Schritten. Zuerst verschafft man sich lesend einen Überblick über die zu lernende Vokabelreihe. Dann spricht man die einzelnen Wortpaare nacheinander laut und deutlich. Im Anschluss daran schreibt man die Wortpaare entweder in ein Vokabelheft oder auf Lernkarteikarten (Vorderseite: deutsches Wort, Rückseite: fremdsprachiges Wort, Ausdruck, Satz).

Nach dieser intensiven Einprägephase kontrolliert man schreibend und sprechend, ob das Gelernte sitzt. Diese Kontrollen werden so lange wiederholt, bis man alle Vokabeln beherrscht.

Vokabeln lernt man nicht dicht gedrängt, sondern in Blöcken. Ein Block umfasst gewöhnlich 8 bis 10 Vokabeln. Zwischen den Blöcken müssen kleine Lernpausen liegen. Ist dies nicht der Fall, kommt es zu Gedächtnishemmungen. Täglich sollten nicht mehr als 30 bis 40 Vokabeln gelernt werden.

Es ist von Vorteil, gelernte Vokabeln am selben Tag nochmals zu kontrollieren. Diesen Vorgang kann man verkürzen, indem nur noch die schwer merkbaren Vokabeln (mit Kreuz kennzeichnen) geprüft werden.

Vokabeln kann man ebenso mithilfe der Lernkartei lernen. Wie man dieses Hilfsmittel handhabt, ist in Kapitel 5.2.3 ausführlich erläutert. Vorteil der Lernkartei ist, dass sie einen zum Wiederholen anhält. Zum Nachteil wird sie, wenn man die auf die Karteikarten übertragenen Vokabeln nicht einer Fehlerkontrolle unterzieht. Dann besteht die Gefahr, dass man sich falsche Schreibungen einprägt.

Trotz der Möglichkeit, Vokabeln auch auf andere Art und Weise zu lernen, sollte auf das Anlegen eines Vokabelheftes nicht verzichtet werden. Es lässt sich leicht transportieren und ist vor allem dann vonnöten, wenn Lektüren übersetzt werden, die keine Vokabelverzeichnisse enthalten. Zu empfehlen sind Vokabelhefte mit dreispaltigem Layout, damit man auch Satzbeispiele eintragen kann.

Vokabeln können auch mit dem Computer geübt werden. Beim Kauf sollte man unbedingt darauf achten, dass die Lernsoftware zu dem Lehrbuch passt, dessen Vokabular man derzeit lernen muss. Besonders zu empfehlen sind Programme mit Sprachlabor und Fehlerstatistik-Funktion.

Übung für Schülerinnen und Schüler

1. Lies jedes Wortpaar laut.
2. Schreibe die Vokabelliste ab.
3. Bilde mit jeder Vokabel einen kleinen Satz.
4. Wiederhole die Vokabelliste nochmals still lesend.
5. Decke die englischen Wörter ab und übersetze die deutschen Wörter sprechend und schreibend ins Englische.
6. Wiederhole und prüfe die nicht gewussten Wörter, bis sie sitzen.

to enjoy	–	genießen
job	–	Arbeit, Beruf
anyhow	–	irgendwie
owner	–	Eigentümer
wrong	–	falsch
silly	–	albern, töricht
to smoke	–	rauchen
weak	–	schwach
stranger	–	Fremder
mistake	–	Fehler
armchair	–	Lehnstuhl

5.3.2 Grammatik lernen

Die Grammatik beschreibt, wie eine Sprache aufgebaut ist. Und sie enthält alle Regeln, nach denen wir uns sprachlich äußern. Wenn der Mensch in einer Muttersprache aufwächst, lernt er nicht nur den Wortschatz, sondern auch das Bauen von Sätzen. Er kann bereits Grammatik, bevor er im Deutschunterricht grammatikalische Begriffe und Regeln lernt. Beim Fremdsprachenlernen ist dies meist anders. Da muss man Wörter und Grammatik von der ersten Unterrichtsstunde an lernen. Dieser Lernprozess braucht eine spezielle strategische Unterstützung (Kleinschroth, 2009; Kuhn, 2009).

Das Grammatiklernen darf nicht nur aus dem Einprägen von Regeln bestehen. Das Regellernen ist erstens sehr trocken, schafft also Motivationsprobleme, und führt, da es von der Praxis abgekoppelt ist, zu raschen und hohen Gedächtnisverlusten. Wirksames Grammatiklernen heißt, Regeln und Beispiele eng miteinander zu verknüpfen. Hierzu bieten sich zunächst die in jedem Grammatikbuch oder Grammatikteil vorhandenen Satzbeispiele an. Diese sollte man nicht nur anschauen, sondern laut und langsam lesen. Außerdem kann man Sätze, in denen die Regel zur Anwendung kommt, in Texten suchen oder selbst formulieren. Und schließlich sollte man die im Buch oder Trainingsheft vorhandenen Grammatik-Übungsaufgaben tatsächlich bearbeiten.

Wer seine grammatikalische Fähigkeit verbessern möchte, muss das grammatikalische Analysieren lernen. Man greift sich aus einem Text einen Satz heraus und überlegt, welche Regeln in den Wörtern und in der Satzkonstruktion zum Ausdruck kommen. Welche Zeit? Welcher Fall? Welche Person? …

Besonders schwierige Grammatikregeln kann man mithilfe von Lernkarteikarten lernen. Auf die Vorderseite kommt ein grammatikalisches Stichwort, auf die Rückseite die Definition sowie Satzbeispiele. Diese Grammatikkarten wiederholt man in regelmäßigen Abständen, ganz besonders aber vor Klassenarbeiten.

Ebenfalls hilfreich ist das Grammatiklernen mithilfe von Merkversen. Wenn trockene Regeln in Reime verpackt werden, lassen sie sich leichter einprägen. Man kann solche Eselsbrücken zum einen selbst bauen, zum anderen aber auch Lehrbüchern oder speziellen memoriertechnischen Internetseiten entnehmen. Wer sich die Regel einprägen möchte, dass im Englischen bei Verben in der 3. Person Singular present tense an das Verb immer ein s angehängt wird, lernt folgenden Vers: He, she, it – „s“ goes mit.

Auch eine Fehleranalyse bzw. Fehlerstatistik kann das Grammatiklernen verbessern helfen. Man nimmt bereits geschriebene Klassenarbeiten zur Hand und prüft, welche Grammatikfehler besonders häufig vorgekommen sind. Aufbauend auf der Fehleranalyse wird ein Wiederholungsprogramm geplant und durchgeführt. Wer sehr viele Lücken hat, sollte sich ein computergestütztes Grammatik-Lernprogramm kaufen. Sind die Lücken großenteils im letzten Schuljahr entstanden, benötigt man ein zum

Lernstoff des letzten Schuljahres passendes Programm. Möchte man den Stoff des aktuellen Schuljahres festigen und vertiefen, kauft man sich eine Lernsoftware, die mit dem gegenwärtigen Lernstoff übereinstimmt. Das Programm sollte abwechslungsreich sein, also eine Mischung enthalten aus Lückentexten, Multiple-Choice-Aufgaben sowie Satzbau- und Matching-Übungen.

Förderlich für das Grammatiklernen ist schließlich, wenn man selbst ein Grammatikheft führt. Es enthält die wichtigsten Regeln, denen Mustersätze zugeordnet sind. Wesentliche Merkmale dieser Regeln werden durch Farben, Unterstreichungen und kleine Zeichnungen hervorgehoben. Außerdem befindet sich in diesem Heft ein Verzeichnis der grammatikalischen Begriffe.

Übung für Schülerinnen und Schüler

Prüfe, ob du die wichtigsten grammatikalischen Grundbegriffe kennst. Füge in die dritte Spalte Beispiele ein.

Begriff	Bedeutung	Beispiel
Adjektiv	Eigenschaftswort	
Adverb	Umstandswort	
adverbiale Bestimmung	Umstandsbestimmung	
Akkusativ	Wen-Fall, 4. Fall	
Aktiv	Tatform	
Apposition	Beisatz	
Artikel	Begleiter des Substantivs/Nomens	
Attribut	erklärende Beifügung	
Dativ	Wem-Fall, 3. Fall	
Deklination	Beugung von Haupt-, Für-, Zahl- und Eigenschaftswörtern	
Demonstrativpronomen	hinweisendes Fürwort	
Femininum	weibliches Geschlecht	
Finalsatz	Umstandssatz des Zweckes	
Futur	Zukunft	

Begriff	Bedeutung	Beispiel
Genitiv	Wessen-Fall, 2. Fall	
Genus	grammatisches Geschlecht	
Imperativ	Befehlsform des Verbs	
Indikativ	Wirklichkeitsform des Zeitworts	
Infinitiv	Grundform des Zeitworts	
Interjektion	Ausrufewort	
Interrogativpronomen	fragendes Fürwort	
Kasus	grammatischer Fall	
Kausalsatz	Umstandssatz des Grundes	
Konditionalsatz	Bedingungssatz	
Konjugation	Beugung von Zeitwörtern	
Konjunktion	Bindewort	
Konjunktiv	Möglichkeitsform des Zeitworts	
Konsekutivsatz	Umstandssatz der Folge	
Konzessivsatz	Gliedsatz: Einschränkung	
Maskulinum	männliches Geschlecht	
Modus	Aussageweise des Zeitworts	
Modalsatz	Umstandssatz der Art und Weise	
Modalverb	Zeitwort der Aussage-weise	
Nomen (Substantiv)	Hauptwort	
Nominativ	Wer-Fall, 1. Fall	
Numerale	Zahlwort	
Numerus	Anzahl (Singular, Plural)	
Objekt	Satzergänzung	
Partizip Perfekt	Mittelwort der Vergangenheit	

Begriff	Bedeutung	Beispiel
Partizip Präsenz	Mittelwort der Gegenwart	
Passiv	Leideform des Zeitworts	
Perfekt	vollendete Gegenwart	
Personalpronomen	persönliches Fürwort	
Plural	Mehrzahl	
Plusquamperfekt	vollendete Vergangenheit	
Possessivpronomen	besitzanzeigendes Fürwort	
Prädikat	Satzaussage	
Präposition	Verhältniswort	
Präsens	Gegenwart	
Präteritum	Vergangenheit	
Pronomen	Stellvertreter des Nomens	
Relativpronomen	bezügliches Fürwort	
Singular	Einzahl	
Subjekt	Satzgegenstand	
Substantiv (Nomen)	Hauptwort	
Temporalsatz	Umstandssatz der Zeit	
Tempus	Zeitform	
Verb	Zeitwort	

5.3.3 Fremdsprachverständnis üben

Eine fremde Sprache lernt man nicht allein durch die Aneignung von Vokabeln und Grammatikregeln. Hinzu kommen muss die Übung des Sprachverständnisses. Hierfür gibt es im Gehirn zwei Orte. Zum einen ist es das Hörzentrum, welches für das Hörverstehen zuständig ist. Zum anderen handelt es sich um das Lesezentrum, wo das Textverstehen stattfindet.

Ein erster Weg zum Training des Sprachverständnisses ist das Lesen fremdsprachiger Bücher, Zeitungen und Zeitschriften. Wenn man liest, sollte man nicht nur leise lesen, sondern stellenweise auch laut. Durch die Klangbilder lassen sich Satzgefüge, Wörter und Ausdrücke besser speichern.

Gute Trainingserfolge bringen auch das Radiohören in der fremden Sprache sowie das Hören fremdsprachiger Hörbücher. Wenn man beim Hörbuch-Hören eine Passage nicht versteht, hört man sich den Text erneut an.

Als weitere Trainingsmethode ist das Lesen zweisprachiger Bücher zu nennen. Wenn man davon Gebrauch macht, schaut man nur an schwierigen Stellen in den deutschen Text.

Ebenso sprachlernförderlich ist es, wenn man Gebrauchsanleitungen nicht nur auf Deutsch liest, sondern auch die englische, französische oder spanische Version.

Eine Übungsgelegenheit ist das Sehen fremdsprachiger Fernsehsendungen und Filme. Im TV kann man sich Nachrichten, Sportsendungen und Spielfilme ansehen und aufzeichnen. Manche Kinos zeigen Spielfilme in fremder Sprache. Und schließlich bieten sich auch fremdsprachige Videofilme an. Wenn man ausgeliehene oder gekaufte Filme ansieht, kann man stoppen und eine Szene erneut abspielen, falls man sie sprachlich nicht verstanden hat.

Auch das Internet bietet sich als Trainingsort an. Dort kann man in der fremden Sprache per Mail korrespondieren, mit ausländischen Lernpartnern skypen, Online-Zeitungen lesen, Internetradio hören, sich Videoclips und Filme ansehen, Podcasts herunterladen sowie Netz-Seiten zu jedem interessierenden Thema finden. Und im Internet befinden sich auch Fremdsprachen-Portale mit Online-Wörterbüchern und Sprachtrainings.

Sprachverständnis und Sprachgefühl kann man ebenso gut im direkten Gespräch trainieren. Wo immer möglich, sollte man das Gespräch in einer Fremdsprache nutzen – sei es hier bei uns oder bei einem Urlaub im Gastland. Besonders zu empfehlen ist ein Sprachkurs im Ausland oder gar ein längerer Aufenthalt als Gastschüler.

Und schließlich noch eine Übungsempfehlung. Wenn man gerne Musik hört, sind Songs ein weiteres Lernmittel. Man hört sich Lieblingssongs an, liest den Text mit und singt mit. Viele Songtexte sind im Internet zu finden.

Übung für Schülerinnen und Schüler

Erstelle eine Linksammlung dich interessierender Fremdsprachenseiten und besuche sie immer mal wieder.

5.3.4 Rechtschreibfehler vermeiden

Richtig zu sprechen und jemandem etwas verständlich mitzuteilen, fällt den Muttersprachlern noch relativ leicht. Wörter richtig zu schreiben ist um ein Vielfaches schwieriger. Das Rechtschreiben kann durch Strategien erleichtert und verbessert werden (Naegele, 2011; Sommer-Stumpenhorst, 2006).

Viele Rechtschreibfehler sind schon dadurch vermeidbar, dass schwierige, nicht lauttreue Wörter mehrkanalig eingeprägt werden. Man sieht sich nicht nur ihre Schriftbilder an, sondern spricht sie auch deutlich. Danach stellt man sie sich bei geschlossenen Augen innerlich vor. Anschließend gibt man sie schreibend wieder.

Ebenso erleichtert wird das Rechtschreiben durch die Anwendung von Überprüfungsstrategien, mit denen man herausfinden kann, wie ein Wort korrekt geschrieben wird. Wenn man sich unsicher ist, wie ein bestimmter Buchstabe in einem Wort geschrieben wird, spricht man das Wort nochmals deutlich aus. Somit kann man ihn besser erkennen. Eine andere Möglichkeit, die richtige Schreibweise zu finden, ist das Trennen und Verlängern von Wörtern. Trennt man „Pappe“ sprechend, wird hörbar, dass das Wort mit zwei p geschrieben wird. Verlängert man „Abend“ mit „Abende“, wird klar, dass Abend am Wortende ein d hat. Und nicht zuletzt bietet sich auch die Strategie des Ableitens an, indem man nach der Stammform des Wortes sucht und dadurch den Zweifel behebt. Angenommen, man ist sich nicht sicher, ob „gräulich“ mit e oder ä geschrieben wird. Nun ruft man das Stammwort „grau“ in Erinnerung und stellt fest, dass es ein ä sein muss.

Richtig schreiben lernt man auch durch die Aneignung und Anwendung von Rechtschreibregeln. Diese bekommt man normalerweise im Rechtschreibunterricht vermittelt. Eine dieser Regeln lautet: Treffen bei Wortzusammensetzungen drei Konsonanten (Mitlaute) aufeinander, bleiben sie erhalten. Muss man im Diktat das Wort „fetttriefend" schreiben, ist klar, dass es drei t hat.

Eine weitere strategische Hilfe ist die Verdeutlichung von Worteigenarten durch Bilder. Wenn man beispielsweise Schwierigkeiten mit dem Dehnungs-h im Wort „Lehrer" hat, stellt man sich einen auf dem Stuhl (sieht aus wie ein h) sitzenden Lehrer vor.

Mehr Rechtschreibsicherheit lässt sich auch durch Übungsdiktate erreichen. Man lässt sich von Familienangehörigen oder Mitschülern aus Trainingsbüchern Diktate geben, die auf die Klassenstufe abgestimmt sind. Besonders geeignet sind Bücher, die nicht nur Diktate enthalten, sondern auch dem jeweiligen Rechtschreibbereich (z. B. Dehnung und Schärfung) vorangestellte Vorübungen oder Vorinformationen (z. B. „150 Diktate 5. bis 10. Klasse" aus dem Duden-Verlag). Ist das Übungsdiktat fertig, wird es korrigiert und verbessert.

Die Rechtschreibung lässt sich außerdem mittels einer Fehleranalyse bzw. Fehlerstatistik verbessern. Alte Klassenarbeiten werden systematisch nach Fehlern durchforstet. Man zählt aus, welche Fehlerarten am häufigsten vorkommen. Zum Beispiel: Groß- und Kleinschreibung, s-ss-ß, p-b verwechselt, v statt f, Dehnungs-h vergessen. Werden aus dieser Fehlerstatistik deutliche Fehlerschwerpunkte ersichtlich, kann man sie durch das Erlernen der entsprechenden Rechtschreibregel, durch das systematische Wiederholen der Stolperwörter oder durch Übungsdiktate abbauen.

Um den Übungsfortschritt zu messen, kann man nach jedem Trainingsdiktat die Fehlerprozentzahl errechnen. Dazu verwendet man folgende Formel:

Errechnen der Fehlerprozentzahl

Fehlerprozentzahl (F %) = Zahl der falschen Wörter x 100/Zahl der Wörter des Diktats

Die Fehlerprozentzahl wird anschließend in eine Tabelle eingetragen. Wenn man regelmäßig und gründlich übt, ist es sehr wahrscheinlich, dass die Fehlerprozentzahl im Lauf der Zeit abnimmt. Und dies wird sich sicherlich auch in Form von besseren Klassenarbeiten ausbezahlen.

Rechtschreiben kann auch mit Trainingsbüchern oder mit Lernsoftware geübt werden. Zu empfehlen sind Programme, die eine Nachbehandlung der am häufigsten falsch geschriebenen Wörter ermöglichen und den Lernfortschritt in Form einer Erfolgsstatistik aufzeigen.

Übung für Schülerinnen und Schüler

- Finde anhand der folgenden Fehler-Checkliste deine Fehlerschwerpunkte heraus.
- Ordne die Rechtschreibfehler deiner zuletzt geschriebenen Diktate durch das Eintragen von Strichen den Fehlerbereichen zu.
- Baue die Fehlerschwerpunkte durch gezieltes Üben ab.

Fehlerart	Beispiel	Häufigkeit
Groß- und Kleinschreibung	beim lernen statt beim Lernen	
Dehnung	Zan statt Zahn	
Schärfung	renen statt rennen	
Verwechslung ähnlich klingender Konsonanten	Fogel statt Vogel	
Verwechslung ähnlich klingender Vokale	Ältern statt Eltern	
s-ss-ß	blos statt bloß	
Zusammen- und Getrenntschreibung	Ich bin radgefahren statt Ich bin Rad gefahren	
Zeichensetzung	Falsche oder fehlende Kommasetzung	
Trennung	trö-sten statt trös-ten	
Fremdwörter	Elephant statt Elefant	
Sonstige Fehler		

5.3.5 Aufsatz schreiben

Ein Aufsatz ist ein Text, der zu einem bestimmten Thema als Übung im Deutschunterricht, als Hausaufgabe oder als Klassenarbeit verfasst wird.

Einem Teil der Schülerschaft bereitet das Aufsatzschreiben beträchtliche Schwierigkeiten. Diese werden häufig dadurch verursacht, dass die betroffenen Schülerinnen und Schüler die wesentlichen Merkmale der verschiedenen Aufsatzarten nicht kennen und/oder allgemeine schreibstrategische Fertigkeitsdefizite aufweisen (Glaser et al., 2011).

Nur wenige Schülerinnen und Schüler sind in der Lage, sofort nach der Themenwahl einen Aufsatz problemlos niederzuschreiben. Dennoch wird von vielen unter Aufsatz sofortiges Aufsetzen verstanden. Wer nicht gerade zu den Stegreif-Schriftstellern gehört, sollte vor dem eigentlichen Aufsetzen unbedingt zwei Dinge tun: Ideen sammeln und gliedern.

Ideen kann man sammeln, indem man alles, was einem zum Thema einfällt, auf einem Blatt stichwortartig aufschreibt. Anschließend ordnet und gliedert man die Stichwortliste. Ein Mindestmaß an Gliederung wird erreicht, wenn man festlegt, was in die Einleitung, in den Hauptteil und in den Schluss kommt. Wichtig ist, dass jetzt schon die Gedanken und Begriffe in eine richtige Abfolge gebracht werden. Bei einer gut durchdachten Gliederung läuft man seltener Gefahr, den Faden zu verlieren. Man hat auch wesentlich mehr Luft zum Formulieren.

Als eine weitere Variante des Ideensammelns ist das Mind Mapping zu empfehlen. Dieses hat gegenüber der Stichwortliste den Vorteil, dass während des Ideensammelns schon eine Struktur entsteht. In die Mitte der Map kommt das Aufsatzthema. Die zentralen Ideen schreibt man auf die Hauptäste. Was einem zusätzlich zur jeweiligen zentralen Idee einfällt, trägt man auf den Nebenästen ein. Möglich ist es auch die Mind Map vorzustrukturieren, indem man, wie in Abbildung 14 dargestellt, 4 Hauptäste reserviert.

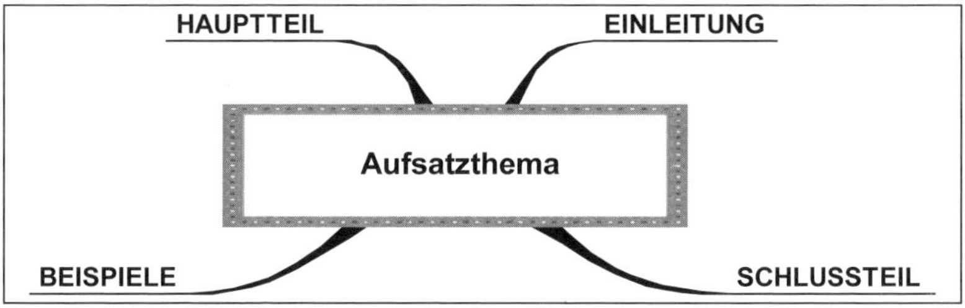

Abbildung 14: Grundstruktur einer Aufsatz-Mind-Map

Wer ein guter Aufsatzschreiber werden möchte, muss die Gestaltungsregeln und Stilmerkmale der verschiedenen Aufsatzformen kennen. Unabdingbar ist, zwischen dem Erlebnisstil und dem Sachstil unterscheiden zu können. Darüber hinaus muss man wissen, wie eine Erlebniserzählung, eine Nacherzählung, eine Beschreibung, ein Bericht, eine Inhaltsangabe, eine Gedichtinterpretation, eine Textinterpretation oder eine Erörterung geschrieben werden. Zu diesen Aufsatzformen sollte man auch Musteraufsätze lesen, die in entsprechenden Lernhilfebüchern zu finden sind.

Auch beim Niederschreiben sind einige Grundregeln zu beachten. Der Stil muss durchgehalten werden. Wortwiederholungen sollten nicht zu oft vorkommen, was aber nicht heißt, dass man aus Angst vor einer Wortwiederholung krampfhaft nach bedeutungsgleichen Wörtern sucht und dabei zu viel Zeit verliert. Die Sätze dürfen nicht zu lang sein. Zwischendurch ist immer mal wieder ein Absatz vonnöten. Zwischen den Gliederungspunkten bzw. Aufsatzteilen sollen Übergänge eingebaut werden. Ein neuer Kerngedanke darf nicht zu plötzlich und unverbunden auftauchen. Außerdem sollte hin und wieder anhand der Gliederung überprüft werden, ob man beim Thema geblieben ist. Man darf sich nicht im Nebensächlichen verlieren. Wenn zeitlich machbar, kann von der ersten Niederschrift eine Reinschrift hergestellt werden. Diese Vorgehensweise hat den Vorteil, dass der Ausdruck verfeinert werden kann. Egal, ob erste Niederschrift oder Reinschrift, beide liest man nochmals durch und korrigiert, und zwar im Hinblick auf Ausdruck, Grammatik, Rechtschreibung und Zeichensetzung.

Schließlich noch ein Tipp. Flüssiges Schreiben lernt man letztlich nur durch regelmäßiges Schreiben. Hierzu bietet sich vor allem das Tagebuchschreiben an. Auch durch intensives Briefeschreiben und E-Mailing verbessert man seine Schreibroutine.

Übung für Schülerinnen und Schüler

Trage in das folgende Raster stichwortartig die Hauptmerkmale der wichtigsten Aufsatzformen ein. Du findest diese sowohl im Internet (Suchstichwort: Aufsatzformen) als auch in Aufsatz-Trainingsbüchern (z. B. „150 Aufsatzübungen 5. bis 10. Klasse“ aus dem Duden-Verlag).

Erlebniserzählung	
Nacherzählung	
Beschreibung	
Inhaltsangabe	
Gedichtinterpretation	
Textinterpretation	
Erörterung	

5.3.6 Mathematik lernen

Die Mathematikleistung wird nicht nur von Faktoren wie Intelligenz, Selbstvertrauen und emotionaler Stabilität beeinflusst, sondern auch von der Qualität des Lernverhaltens und der Lernstrategien (OECD, 2004; PISA-Konsortium Deutschland, 2004).

Beim kritischen Blick auf das mathematische Lernverhalten fällt häufig auf, dass im Unterricht zu wenig mitgedacht und mitgearbeitet wird. Deshalb sollten sich Schülerinnen und Schüler nicht nur auf das Mitschreiben konzentrieren, sondern auch auf das, was der Lehrer zum dargestellten Rechenverfahren sagt. Hat man etwas trotz konzentriertem Mitdenken nicht verstanden, meldet man sich und bittet um Erklärung.

Fortgesetzt wird das Mathelernen am häuslichen Arbeitsplatz. Die Hausaufgaben sollten möglichst an dem Tag erledigt werden, an dem sie aufgegeben wurden. Bevor man mit dem Hausaufgaben-Machen beginnt, sieht man nochmals die Unterrichtsmitschrift durch.

Aus schulpsychologischen Ursachenanalysen geht immer wieder hervor, dass sich Schülerinnen und Schüler mit Mathematikschwierigkeiten den Stoff oberflächlich aneignen – übers Durchlesen und Anschauen. Dabei entsteht eine Scheinsicherheit. Man hat das Verfahren zwar kapiert, beherrscht aber noch nicht die schriftliche Lösungspraxis. Die Alternative zu dieser passiven Lernweise ist, möglichst viele Übungsaufgaben schriftlich zu rechnen, bis die Rechenverfahren sicher verinnerlicht sind.

Zusätzlich erleichtert wird das mathematische Lernen, wenn man parallel zum Übungsheft ein Regelheft anlegt. In diesen externen Speicher überträgt man wichtige Regeln, Formeln und Konstruktionen. Nicht vergessen darf man, an der entsprechenden Stelle eine Musteraufgabe einzufügen.

Die Mathematik kann man auch besser einprägen und verstehen, wenn man sie im Alltag anwendet. Man ermittelt, wie viel Farbe man braucht, um das Arbeitszimmer zu renovieren. Man errechnet die Zinserträge verschiedener Geldanlagen. Man kalkuliert den Verkaufspreis für die nächste Schülerzeitung.

Wert legen sollte man auch auf eine ordentliche mathematische Heftführung. Die Ordnung im Heft fördert die Ordnung im Kopf. Zuallererst gilt es, sauber und deutlich zu schreiben und zu zeichnen. Und dann sollte man die Haupt- und Nebenrechnung voneinander trennen, um die Übersicht über den Rechenweg sicherzustellen.

Wenn man mit der momentanen Matheleistung unzufrieden ist, empfiehlt sich auf der Grundlage bereits geschriebener Klassenarbeiten eine Fehleranalyse. Möglich ist es zum einen, dass man vom aktuellen Stoff Wichtiges nicht verstanden oder nicht intensiv genug geübt hat. Zum anderen kann es aber auch sein, dass grundlegende Kenntnisse und Methoden nicht mehr sitzen. Egal, wo der Fehlerschwerpunkt liegt, er lässt sich nur durch systematisches Wiederholungslernen abbauen. Zum Schließen der Lücken kann man sich eine Lernsoftware anschaffen. Sie muss allerdings zum Lehrplan passen, den Stoff verständlich erklären und Schritt für Schritt zu den Lösungen führen. Sehr lernförderlich ist es, wenn sie einen Prüfungsmodus enthält, in dem man selbst Klassenarbeiten zusammenstellen und durchspielen kann.

Wer die Grundtechniken des Mathelernens beachtet und anwendet, braucht sich normalerweise vor Klassenarbeiten und Prüfungen nicht zu fürchten. Es geht jetzt darum, das Gelernte auf die Lösung neuer Aufgaben zu übertragen. Treten in solchen Situationen immer mal wieder Schwierigkeiten auf, muss man sich entsprechende Lösungsstrategien aneignen (siehe Kapitel 5.2.7). Sie helfen einem, das Problem besser zu verstehen und die Lösung Schritt für Schritt zu erarbeiten.

Übung für Schülerinnen und Schüler

Mathematische Übungsaufgaben gibt es nicht nur im Lehrbuch, im Trainingsbuch und in elektronischen Lernprogrammen. Mathe lässt sich auch an Sachverhalten des Alltags üben. Überlege dir, wo du im Alltag Mathematik praktisch anwenden könntest.

5.3.7 Textaufgaben lösen

Sowohl in der Mathematik als auch in den naturwissenschaftlichen Fächern werden häufig Textaufgaben gestellt. Sie müssen durch die Anwendung von Gesetzen, Formeln und Rechenverfahren gelöst werden.

Um den Lösungsprozess erfolgreich durchzuführen, brauchen die Schülerinnen und Schüler insbesondere „lösungsstrategisches Wissen, mit dessen Hilfe ein Lösungsplan entwickelt und seine Realisation überwacht werden kann“ (Hasselhorn & Gold, 2013, S. 136).

Beim Lösen von Textaufgaben besteht oft eine grundlegende Schwierigkeit darin, dass vor lauter Text das dahinterliegende Problem bzw. der eigentliche Aufgabeninhalt nicht gefunden wird. Deshalb muss der Text zunächst einmal verständlich gemacht werden. Am besten ist, man unterstreicht die allerwichtigsten Wörter. Danach beantwortet man möglichst kurz folgende Fragen:
- Was ist gegeben?
- Was ist gesucht?

Um sich den Sachverhalt besser vorstellen zu können, fertigt man eine kleine Zeichnung an. Außerdem werden weitere wichtige lösungsförderliche Fragen gestellt:
- Welche Regeln/Rechenverfahren kann ich anwenden?
- Habe ich schon einmal eine ähnliche Aufgabe bearbeitet?
- Wie habe ich diese ähnliche Aufgabe gelöst?

In einer weiteren Phase muss der Lösungsweg gefunden werden. Falsch wäre es, nun einfach draufloszurechnen. Lieber überlegt, statt überstürzt Aufgaben lösen! Dies ist zu erreichen, indem man sich den Lösungsweg nochmals genau vorstellt und, falls zeitlich möglich, eine Modell-Lösung durchführt. Letzteres bedeutet, dass schwierige durch einfache Zahlenwerte ersetzt werden. Man funktioniert die gestellte Aufgabe zu einem leicht rechenbaren Modell um. Auf diese Weise kann der Lösungsweg einfacher und schneller gefunden werden.

Beim eigentlichen Rechnen sind zwei Hinweise besonders zu beachten. Erstens sollte man Haupt- und Nebenrechnungen voneinander trennen. Dies dient der Übersicht sowie der Unterscheidung von Wesentlichem und Unwesentlichem. Zweitens sollte man jedes Zwischenergebnis kurz kontrollieren. Somit lassen sich frühzeitig Fehler vermeiden. Wer erst nach einem falschen Endergebnis mit der Fehlersuche beginnt, verliert viel Zeit.

Besonders bei physikalischen und chemischen Aufgaben müssen die Ergebnisse immer mal wieder mit der Wirklichkeit verglichen werden. Beträgt die Durchschnittsgeschwindigkeit des Fußgängers im Ernst 80 Stundenkilometer? Man sollte nicht nur in Rechenwegen und bloßen Zahlen denken, sondern in Größenordnungen aus der Sichtweise des gesunden Menschenverstandes.

Es kommt immer wieder vor, dass trotz aller Bemühungen der Lösungsweg nicht gefunden wird. Obwohl dies zum Aufgeben verleitet, wäre es falsch, an die Aufgabe gar nicht mehr heranzugehen. Bei Klassenarbeiten kann man es in der Zwischenzeit mit anderen Aufgaben versuchen, bei Hausaufgaben mit vollkommen anderen Stoffgebieten. Danach kehrt man zur Problemaufgabe zurück, überlegt sich nochmals die Lösungsschritte und probiert sie aus. Häufig führt diese Strategie zum Erfolg, weil das Gehirn unbewusst an Problemstellungen weiterarbeitet.

Oft hängt der Misserfolg beim Textaufgaben-Lösen mit Übungsmangel zusammen. Dieser kann letztlich nur durch regelmäßiges Üben behoben werden. Eine Trainingsmethode ist das Üben schwieriger, bereits gerechneter Textaufgaben nach dem Lernkarteisystem (siehe Kapitel 5.2.3 „Lernstoff speichern und abrufen“). Man schreibt auf die Vorderseite die Aufgabenstellung, auf die Rückseite den Lösungs- bzw. Rechenweg. Mehrere Tage vor der Klassenarbeit wird der Karteistapel durchgearbeitet, indem versucht wird, zunächst jede Aufgabe selbstständig zu lösen. Die Karte soll erst dann umgedreht werden, wenn man nicht mehr weiterweiß. Es empfiehlt sich, besonders schwierige Aufgaben mehrmals zu üben. Eine andere Trainingsmethode ist das Wiederholungslernen mithilfe von Lernhilfebüchern oder Lernsoftware, die man im Internet oder im Buchhandel kaufen kann.

Übung für Schülerinnen und Schüler

1. Lies den folgenden Aufgabentext konzentriert durch und unterstreiche wichtige Angaben.

Herr Bauer bezahlte für den Zaun um sein Grundstück 2476,80 €. Die eingezäunte Fläche ist 29 m lang und 23 m breit. Für zwei Einfahrten bleiben jeweils 4 m frei. Sein Nachbar hatte für einen Meter des gleichen Zauns 27,65 € bezahlt.

a) Wie hoch ist der Preisunterschied je m Zaun?

b) Wie hoch ist der Unterschied zwischen den Gesamtpreisen?

2. Schreibe heraus, was gegeben ist!

___

___

3. Schreibe heraus, was gesucht ist!

___

___

4. Stelle den Text in Form einer Zeichnung dar!

5. Rechne!

___

___

6. Kontrolliere!

7. Schreibe die Antwortsätze!

___

___

___

6 Wirksamkeit des Lerncoachings

Wer Lernstrategie-Trainings konzipiert, sollte sie auch einer Erfolgskontrolle unterziehen. Das heißt, er muss nachweisen, dass gecoachte Schüler im Vergleich zu einer augenblicklich nicht trainierten Kontrollstichprobe sich tatsächlich auch verhaltens- und leistungsmäßig verbessern.

Ich konnte in mehreren Studien nachweisen, dass die von mir entwickelten Lernstrategie-Trainingsprogramme das Lern- und Arbeitsverhalten sowie die Schulleistungen positiv verändern. In der umfangreichsten Trainingsstudie wurden 120 versetzungsgefährdete Schülerinnen und Schüler durch Lerncoaching systematisch gefördert (Keller, 1992). Im Vergleich zu einer ebenfalls versetzungsgefährdeten Kontrollgruppe verbesserte die Trainingsgruppe signifikant ihr Lernverhalten, beseitigte zu 80 % ihre Versetzungsgefährdung und erhöhte ihre Durchschnittsnote von 3,8 auf 3,2. Aus den Erfolgskontrollen ging auch hervor, dass ein positives Beratungsklima die Aneignung und Umsetzung vermittelter Methoden wahrscheinlicher macht. Zu diesem Klima tragen besonders bei: Lob, Wertschätzung und Ermutigung. Was die Wirksamkeit der allgemeinen Lernstrategien betrifft, schnitten am besten ab:

- mehrkanaliges Lernen,
- Zeitplanung,
- Lernen nach dem Anspannungs-Entspannungs-Rhythmus,
- systematisches Textlernen,
- regelmäßige Stoffwiederholung,
- Selbststeuerung mit Tagesprotokollen,
- günstige Arbeitsplatzgestaltung,
- Einsatz von Gedächtnisstützen (Skizzen, Mind Maps).

In den letzten zwei Jahrzehnten wurden Lernstrategietrainings immer wieder einer Wirksamkeitsanalyse unterzogen. Die Hypothese, dass sie den Lernprozess und die Lernleistungen signifikant verbessern helfen, wurde sehr häufig bestätigt. „Die Befundlage ist sehr vielversprechend …“ (Lauth et al., 2014b, S. 274). Diese Erkenntnis geht auch aus „Visible Learning“ hervor, der bisher größten Meta-Analyse im pädagogisch-psychologischen Bereich (Hattie, 2013, 2014).

Aus den Analysedaten wird vor allem offenbar, dass der Fördererfolg umso besser ausfällt,

- je intensiver das vermittelte Strategiewissen an Hand von Übungen verdeutlicht wird,
- je mehr die Beratungs- und Übungsinhalte der schulischen Lernrealität entsprechen,
- je intensiver die Selbststeuerung eingeübt wird,
- je enger das Coaching mit motivationalen Hilfen (Lob, Wertschätzung, Ermutigung) verknüpft wird,
- je früher Lerntrainings und Lerncoachings im Werdeprozess von Lernschwierigkeiten angeboten werden.

Nach intensiven Recherchen musste ich leider feststellen, dass ein Großteil der marktüblichen und werbeträchtig angepriesenen Lernratgeber, Anti-Paukbücher und Methoden-Trainings bisher kaum einer empirischen Wirksamkeitsanalyse unterzogen worden sind. Ich würde mir wünschen, dass in Zukunft mehr Augenmerk auf die Wirksamkeitsnachweise und Qualitätssicherung von Lerntrainings und Lerncoachings gerichtet wird.

7 Grenzen des Lerncoachings

Die Grenzen der Lerncoachings liegen dort, wo der Ursachenfokus von Lernschwierigkeiten nicht im motivations- und lernstrategischen Bereich liegt. Dies ist beispielsweise der Fall, wenn eine familiäre Konfliktsituation sich emotional so negativ auswirkt, dass das Lern- und Leistungsverhalten gravierend beeinträchtigt wird. In diesem Falle wäre es angebracht, die Familie zur Konsultation einer familientherapeutisch kompetenten psychologischen Beratungsstelle oder Privatpraxis zu motivieren.

Aus der Lerndiagnose kann auch hervorgehen, dass ein Schüler fleißig ist und strategisch richtig lernt, aber dennoch schlechte Noten schreibt. In diesem Falle müsste der schulpsychologische Dienst oder der Beratungslehrer testdiagnostisch klären, ob der Schüler kognitiv überfordert ist. Sollte sich diese Hypothese bestätigen, wäre ein Schulartwechsel die geeignete Problemlösung. Zusätzlich sollte die Hypothese geprüft werden, ob das Leistungsversagen möglicherweise auch durch eine gravierende Prüfungsangst verursacht wird. Falls diese Annahme bestätigt werden sollte, können prüfungsstrategische Anleitungen das Problem per se nicht lösen. Hier muss eine außerschulische psychotherapeutische Hilfe in Anspruch genommen werden.

Hartnäckige Konzentrationsprobleme sind ein weiteres Beispiel dafür, wo Lerncoaching an seine Grenzen stößt. Diese sind daran zu erkennen, dass ein Schüler sich fortdauernd und in vielen Situationen unkonzentriert verhält und seine Konzentrationsdauer deutlich unter der altersbezogenen Konzentrationsspanne liegt. Ein solches Konzentrationsproblem gründlich zu diagnostizieren und zu beheben, ist nicht Aufgabe des Lerncoaches. In diesem Fall ist eine Weiterverweisung an kinder- und jugendpsychiatrische Praxen und Kliniken vonnöten. Dort muss abgeklärt werden, ob eine neurobiologisch verursachte Aufmerksamkeitsdefizit/-Hyperaktivitätsstörung (ADHS) vorliegt. Bei dieser Problematik handelt es sich um eine zum Teil genetisch bedingte Störung der Aufmerksamkeit, die Krankheitswert besitzt. Sie basiert auf einer biochemischen Funktionsstörung im Bereich der Informationsverarbeitung zwischen den einzelnen Gehirnabschnitten. Man nimmt an, dass die für den Signaltransport im Gehirn verantwortlichen Neurotransmitter (Überträgerstoffe) nicht optimal wirken. Die Funktionsstörung tritt vor allem in Gehirnregionen auf, die für die Aufnahme und Verarbeitung von Sinneseindrücken, für die Aufmerksamkeits- und Konzentrationssteuerung sowie für die Handlungsplanung zuständig sind, und zwar im Frontalhirn und in den Stammganglien. Die Aufmerksamkeitsdefizit/-Hyperaktivitätsstörung (ADHS) tritt verschieden in Erscheinung. Nach dem Diagnostischen und Statistischem Manual DSM-5 (American Psychiatric Association, 2013) sind folgende Formen zu unterscheiden:

- vorwiegend hyperaktiv-impulsiv,
- vorwiegend unaufmerksam,
- gemischt (kombiniert).

Man geht davon aus, dass etwa 3 bis 6 % der Schüler an ADHS leiden. Jungen sind davon deutlich häufiger betroffen als Mädchen. Die Diagnose wird gestellt durch eine gründliche Anamnese, eine körperliche und neurologische Untersuchung, Verhaltensbeobachtungen, Fragebögen und neuropsychologische Tests.

Trotz der Gefahr, dass Lerncoaching an Grenzen stößt, sollten beim Auftreten von Lern- und Leistungsschwierigkeiten zunächst motivations- und lernstrategische Fördermaßnahmen angewandt werden. Solche Bemühungen werden von Eltern und Schülern als positiv erlebt, weil sie das Gefühl des Angenommenseins und der Wertschätzung vermitteln. Werden jedoch im Verlauf der Förderung aus anderen Ursachenquellen stammende Grenzen sichtbar, gilt das professionelle Gebot der Weiterverweisung.

Glossar

Aha-Erlebnis. Plötzliche Einsicht in einen undurchsichtigen Zusammenhang oder unmittelbar eintretende Erkenntnis zur Lösung eines Problems. Dieses Phänomen ist das Ergebnis eines unbewusst ablaufenden Denkvorgangs.

Aufmerksamkeit ist ein Zustand verstärkter Wachheit. Es handelt sich um die Fähigkeit, die Sinnesorgane bewusst auf einen Reiz auszurichten. Wie mit einem Scheinwerfer lässt sie einen bestimmten Ausschnitt des Wahrnehmungsfeldes aufleuchten und blendet andere aus.

Aufmerksamkeitsdefizit/-Hyperaktivitätsstörung (ADHS). Eine weitgehend genetisch verursachte Störung der Aufmerksamkeit. Nach dem Diagnostischen und Statistischen Manual Psychischer Störungen (DSM-5) tritt sie in drei unterschiedlichen Formen auf: vorwiegend hyperaktiv-impulsiv, vorwiegend unaufmerksam oder gemischt.

Aufschieberitis (auch **Prokrastination**). Hartnäckige Tendenz, als unangenehm empfundene Aufgaben und Arbeiten immer wieder aufzuschieben. Die betroffenen Schülerinnen und Schüler fühlen sich dem Aufschubverhalten hilflos ausgeliefert.

Bildungsstandards legen fest, welche Kompetenzen Schülerinnen und Schüler einer bestimmten Jahrgangsstufe erworben haben müssen. Sie orientieren die Schulen auf verbindliche Ziele. Und sie dienen der Erfassung und Bewertung der Lernergebnisse.

Empathie. Das Sich-Hineinversetzen in die Gefühlslage des Mitmenschen, sodass dieser sich angenommen und verstanden fühlt. Sie ist eine wichtige Voraussetzung für das Gelingen von Beratung, Coaching und Therapie.

Entspannung. Die Fähigkeit, sich zu entspannen, ist wichtig für die Bewältigung von Lernschwierigkeiten. Schülerinnen und Schüler geraten immer wieder in einen unangenehmen Zustand körperlicher und emotionaler Anspannung. Folge davon sind Unkonzentriertheit, Unruhe und Lernblockaden. Mithilfe von regelmäßigen Entspannungsübungen können solche Stressprobleme bewältigt werden. Physiologisch betrachtet, bedeutet Entspannung, dass das vegetative Nervensystem umschaltet von Sympathikus (Aktivierung) auf Parasympathikus (Erholung).

Feedback (auch **Rückmeldung**). Eine Person teilt einer anderen mit, wie sie ihr Verhalten wahrgenommen, erlebt und verstanden hat. Feedback ist unabdingbar für die Weiterentwicklung von Personen und Gruppen. Will es beim Empfänger richtig ankommen, muss es ehrlich, klar, angemessen und achtsam gegeben werden.

Gedächtnis. Fähigkeit des Gehirns, Informationen zu speichern und später abzurufen oder wiederzuerkennen. Dabei unterscheidet man zwischen dem sensorischen Gedächtnis (auch Ultrakurzzeitgedächtnis), Kurzzeitgedächtnis und Langzeitgedächtnis. Dauerhaft behalten und mit vorhandenem Wissen verknüpft werden die Informationen nur im Langzeitgedächtnis.

Gedächtnishemmung. Schwierigkeiten, die beim Einprägen und Abrufen von Lernstoff auftreten. Häufig werden sie dadurch verursacht, dass Hirnprozesse aufgrund der zeitlichen und inhaltlichen Nähe von Gedächtnisinhalten oder durch starke Affekte beeinträchtigt werden.

Gedächtnisstrategien. Fertigkeiten, die das Speichern und Abrufen von Wissen erleichtern.

Gehirn. Unterhalb der Schädeldecke gelegene komplexe Ansammlung von Nervenzellen. Das Gehirn wiegt etwa 1,4 kg und setzt sich zusammen aus dem Stammhirn (Steuerung der Körperfunktionen, Sitz der Instinkte), dem Kleinhirn (Bewegungskoordination) und dem Großhirn (Zentrum für Informationsverarbeitung und Handlungen). Dieser entwicklungsgeschichtlich jüngste Teil des Gehirns überdeckt alle darunter liegenden Gehirnabschnitte und besteht aus zwei Halbkugeln (Hemisphären). Im Großhirn befinden sich 20 Milliarden Nervenzellen, von denen jede mit 10.000 anderen verknüpft ist. Es ist Sitz des Bewusstseins und aller geistigen und seelischen Funktionen.

IGLU (Internationale Grundschul-Lese-Untersuchung). Es handelt sich um eine international vergleichende Schulleistungsstudie, die alle fünf Jahre durchgeführt wird. Ihr Ziel ist es, die Lesekompetenz von Schülerinnen und Schülern am Ende der Grundschule zu erfassen.

Interesse. Eine auf bestimmte Gegenstandsbereiche und Themen bezogene Form der Motivation. Interesse ist mit einem positiven emotionalen Erleben verbunden.

IQB (Institut zur Qualitätsentwicklung im Bildungswesen). Wissenschaftliche Einrichtung an der Humboldt-Universität zu Berlin. Unterstützt die Länder der Bundesrepublik Deutschland bei der Sicherung und Weiterentwicklung der Bildungsqualität. Eine zentrale Aufgabe des IQB ist es, regelmäßig zu überprüfen, inwieweit die Bildungsstandards in den Schulen erreicht werden.

Kognition. Alle Vorgänge, die mit dem Erkennen bzw. mit der menschlichen Informationsverarbeitung zusammenhängen. Hierzu zählen vor allem die Wahrnehmung, die Aufmerksamkeit, das Speichern, das Erinnern, das Denken, das Problemlösen.

Kontrollgruppe. Eine Gruppe von Personen, die den Versuchsbedingungen der Experimentalgruppe nicht ausgesetzt ist. Aus dem Vergleich der beiden Gruppen wird der Effekt der Versuchsbedingungen ermittelt.

Konzentration ist eine gesteigerte Form von Aufmerksamkeit. Sie erfordert willentliche Anstrengung und lässt mit der Zeit nach.

Lerncoaching ist eine spezielle Beratungsform, die den Unterricht ergänzt. Sie ist keine Nachhilfe, sondern eine Förderung des individuellen Lernprozesses. Schwerpunkt ist die Vermittlung von Motivations- und Lernstrategien. Ziel ist, dass der Schüler sich selbst steuert und den Lernstoff effektiv verarbeitet.

Lernorganisation bezeichnet die zweckmäßige Gestaltung der räumlich-zeitlichen Bedingungen des Lernens.

Lernpotenzial. Produkt aus Lernfähigkeit (Lernen können) und Lernmotivation (Lernen wollen).

Lernstrategien. Handlungspläne zur Steuerung der Lerntätigkeit. Es handelt sich um fächerübergreifende, fachbezogene und motivationale Strategien. Lernstrategiedefizite sind an Lernschwierigkeiten ursächlich beteiligt.

Lerntagebuch. Instrument der Selbstreflexion. Der Schüler dokumentiert regelmäßig sein Lernverhalten und bewertet es selbstkritisch mithilfe von Leitfragen. Das systematische Nachdenken soll zur Verbesserung der Lern- und Leistungsqualität beitragen.

Meta-Analyse. Statistische Zusammenfassung von Forschungsergebnissen aus unterschiedlichen Studien, die zu einem Gegenstandsbereich durchgeführt wurden.

Metakognition. Überwachung und Lenkung der eigenen Lern- und Denkprozesse. Unterschieden wird zwischen metakognitivem Wissen und metakognitiver Kontrolle.

Mind Mapping. Strategie zum Erschließen und Gliedern von Wissen. Man beginnt in der Mitte eines Blattes mit dem Thema und verzweigt die hierzu assoziierten Ideen und Begriffe baumartig nach außen. Die daraus entstehende Struktur wird Mind Map genannt.

Motivation ist ein Gefüge von Beweggründen, die dem menschlichen Verhalten Intensität und Richtung verleihen. Bezüglich der Lernmotivation unterscheidet man zwischen intrinsischer und extrinsischer Motivation. Wer intrinsisch motiviert ist, lernt aus Spaß an der Sache bzw. an der Handlung. Von extrinsischer Motivation kann gesprochen werden, wenn gelernt wird, um positive Folgen herbeizuführen (z. B. Belohnung) oder negative (z. B. Strafe) zu vermeiden.

Neuron (Nervenzelle). Elementarste Einheit des Nervensystems. Das Neuron empfängt, verarbeitet und leitet Informationen weiter.

PISA (Programme for International Student Assessment). Ziel dieser internationalen Schulleistungsvergleichsstudie der Organisation für wirtschaftliche Zusammenarbeit und Entwicklung (OECD) ist es, Basiskompetenzen von 15-jährigen Schülerinnen und Schülern im dreijährigen Rhythmus weltweit zu erfassen.

Positive Umformulierung. Die seelische Entschärfung von Negativgedanken.

Problemlösen. Auffinden eines zuvor nicht bekannten Weges von einem Ist-Zustand zu einem Soll-Zustand.

Selbstbild. Vorstellung, die man von sich und seiner Persönlichkeit hat. Es deckt sich nicht immer mit dem Fremdbild, also dem Bild, das andere von einem haben.

Selbstkontrolle. Besondere Form der Selbststeuerung. Nach dem Selbstkontrollmodell von Frederick Kanfer kann ein Problemverhalten durch gezielte Selbstbeobachtung, Selbstbewertung und Selbstbelohnung verändert werden.

Selbstreflexion. Nachdenken über sich selbst und die eigene Situation. In den Reflexionsprozess kann auch das Feedback anderer Personen einbezogen werden.

Selbststeuerung (auch **Selbstregulation**). Fähigkeit, das eigene Verhalten selbst zu steuern. Die Selbststeuerung ist eine unabdingbare Voraussetzung für ein selbstständiges Lern- und Arbeitsverhalten.

Selbstwertgefühl. Gefühl des eigenen persönlichen Wertes. Das Selbstwertgefühl entsteht im Kontext der Selbsterfahrungen. Diese bestimmen darüber, ob daraus eine Selbstüberschätzung, eine positive Selbstachtung oder ein Minderwertigkeitsgefühl entsteht.

Sinneskanäle. Der erste Zugang zu einem Lerninhalt erfolgt über die Sinnesorgane. Von dort werden die Informationen über die Sinneskanäle zu den Gehirnzentren weitergeleitet.

Synapse. Verknüpfungsstelle zwischen zwei Neuronen. Der zwischen ihnen liegende Spalt wird durch die Ausschüttung von Neurotransmittern überbrückt.

Systemischer Ansatz. Wer systemisch denkt, konzentriert sich nicht auf das Einzelne, sondern berücksichtigt auch das Ganze, zu dem es gehört. Der systemische Ansatz geht davon aus, dass Beziehungssysteme und Beziehungen auf das Erleben und Verhalten einen stärkeren Einfluss ausüben als individuelle Eigenschaften. Gemäß diesem Modell setzt die systemische Beratung nicht nur an der Symptomatik einer Person an, sondern auch an ihrer sozialen Umwelt.

TIMSS (Trends in International Mathematics and Science Study). Eine international vergleichende Schulleistungsuntersuchung, die im vierjährlichen Turnus durchgeführt wird. Untersuchungsgegenstand sind die Mathematik- und Naturwissenschaftsleistungen in der Grundschule, in der Sekundarstufe I und II.

Vergessenskurve. Der Gedächtnisforscher Hermann Ebbinghaus fand heraus, dass Lernstoff in der ersten Zeit nach der Aneignung zunächst rasch und dann immer langsamer vergessen wird. Die Vergessenskurve zeigt die Menge des erinnerten Lernstoffs in Abhängigkeit von der Zeit.

Verhaltensmodifikation. Systematische Verhaltensänderung, die auf Prinzipien der Lerntheorie basiert (z. B. positive Verstärkung). Sie besteht aus folgenden vier Schritten: Zieldefinition, Erhebung der Grundrate des Problemverhaltens, Durchführung der Maßnahmen, Erfolgskontrolle. Es ist auch möglich, eine Verhaltensmodifikation kooperativ durchzuführen. Beispielsweise kann eine Lehrperson mit einer Schulklasse ein kollektives Problemverhalten (mangelnde Mitarbeit) durch gemeinsame Zieldefinition, Änderungsarbeit und Erfolgskontrolle modifizieren.

Verstärkung. Wenn auf ein Verhalten eine angenehme Konsequenz folgt, wird es zukünftig intensiver und häufiger gezeigt. Positiv verstärkt werden kann ein Verhalten durch materielle Belohnungen, Lob und angenehme Aktivitäten.

Literatur

Adamczak-Krysztofowicz, S. & Stork, A. (2007). Zum Vokabellernen befähigen: Lernstrategien vermitteln. *Praxis Fremdsprachenunterricht, 6*, 27–31.

American Psychiatric Association. (2013). *Diagnostic and Statistical Manual of Mental Disorders* (5th ed.). Arlington, VA: American Psychiatric Association.

Arbinger, R. (1997). *Psychologie des Problemlösens. Eine anwendungsorientierte Einführung*. Darmstadt: Primus.

Baddely, A., Eysenck, M. W. & Anderson, M. (2009). *Memory*. Hove, UK: Psychology Press.

Beck, R. & Birkle, W. (2004). *Der LernCoach* [CD-ROM]. Neu-Edingen: Interaktive Medien Verlag.

Bellingrath, G. W., Lauth, M., Grünke, M. & Brunstein, J. C. (Hrsg.). (2014). *Intervention bei Lernstörungen. Förderung, Training und Therapie in der Praxis* (2. Aufl., S. 262–276). Göttingen: Hogrefe.

Bos, W., Tarelli, I., Bremerich-Vos, A. & Schwippert, K. (Hrsg.). (2012a). *IGLU 2011. Lesekompetenzen von Grundschülern in Deutschland im internationalen Vergleich*. Münster: Waxmann.

Bos, W., Wendt, H., Köller, O. & Selter, C. (Hrsg.). (2012b). *TIMSS 2011. Mathematische und naturwissenschaftliche Kompetenzen von Grundschulkindern in Deutschland im internationalen Vergleich*. Münster: Waxmann.

Dreikurs, R., Grunwald, B. B. & Pepper, F. C. (1983). *Schülern gerecht werden. Verhaltenshygiene im Schulalltag* (3. Aufl.). Weinheim: Beltz.

Ebbinghaus, H. (1885). *Über das Gedächtnis. Untersuchungen zur experimentellen Psychologie*. Leipzig: Duncker & Humblot.

Edelmann, W. & Wittmann, S. (2012). *Lernpsychologie* (7. Aufl.). Weinheim: Beltz.

Ende, M. (1973). *Momo*. Stuttgart: Thienemann.

Eschelmüller, M. (2008). *Lerncoaching. Vom Wissensvermittler zum Lernbegleiter*. Mülheim: Verlag an der Ruhr.

Fritz, A., Hussy, W. & Tobinski, D. (2010). *Pädagogische Psychologie*. München: Ernst Reinhardt.

Gage, N. L. & Berliner, D. C. (1996). *Pädagogische Psychologie* (5. Aufl.). Weinheim: Beltz.

Galperin, P. J. (1983). *Zu Grundfragen der Psychologie*. Köln: Pahl-Rugenstein.

Glaser, C., Kessler, C. & Palm, D. (2011). *Aufsatztraining für 5. bis 7. Klassen. Ein Manual für Lehrkräfte mit Unterrichtsmaterialien*. Göttingen: Hogrefe.

Hardeland, H. (2013). *Lerncoaching und Lernberatung. Lernende in ihrem Lernprozess wirksam begleiten und unterstützen*. Baltmannsweiler: Schneider.

Hasselhorn, M. & Gold, A. (2013). *Pädagogische Psychologie. Erfolgreiches Lernen und Lehren* (3. Aufl.). Stuttgart: Kohlhammer.

Hattie, J. (2013). *Lernen sichtbar machen*. Überarbeitete deutschsprachige Ausgabe von „Visible Learning" (besorgt von Wolfgang Beywl und Klaus Zierer). Baltmannsweiler: Schneider.

Hattie, J. (2014). *Lernen sichtbar machen für Lehrpersonen*. Überarbeitete deutschsprachige Ausgabe von „Visible Learning for Teachers" (besorgt von Wolfgang Beywl und Klaus Zierer). Baltmannsweiler: Schneider.

Helmke, A. (2009). *Unterrichtsqualität und Lehrerprofessionalität. Diagnose, Evaluation und Verbesserung des Unterrichts*. Seelze-Velber: Kallmeyer.

Hesse, I. & Latzko, B. (2011). *Diagnostik für Lehrkräfte* (2. Aufl.). Opladen: Budrich.

Holodynski, M. (2013). Prüfungsangst. In M. A. Wirtz (Hrsg.), *Dorsch – Lexikon der Psychologie* (16. Aufl., S. 1236–1237). Bern: Huber.

Kanfer, F. H. & Reinecker, H. & Schmelzer, D. (2012). *Selbstmanagement-Therapie. Ein Lehrbuch für die klinische Praxis* (5. Aufl.). Berlin: Springer.

Keller, G. (1992). Lernförderung in der schulpsychologischen Beratung. In H. Mandl & H. F. Friedrich (Hrsg.), *Lern- und Denkstrategien. Analyse und Intervention* (S. 151–164). Göttingen: Hogrefe.

Keller, G. (2005). *Lern-Methodik-Training. Ein Übungsmanual für die Klassen 5-10*. Göttingen: Hogrefe.

Keller, G. (2011a). *Ich will nicht lernen! Motivationsförderung in Elternhaus und Schule*. Bern: Huber.

Keller, G. (2011b). *Lerntechniken von A-Z. Infos, Übungen, Tipps* (2. Aufl.). Bern: Huber.

Klauer, K. J. & Leutner, D. (2012). *Lehren und Lernen. Einführung in die Instruktionspsychologie* (2. Aufl.). Weinheim: Beltz.

Kleinschroth, R. (2009). *Sprachen lernen. Der Schlüssel zur richtigen Technik* (7. Aufl.). Reinbek: Rowohlt.

Köller, O. (2008). Lehr-Lern-Forschung. In W. Schneider & M. Hasselhorn (Hrsg.), *Handbuch Pädagogische Psychologie* (S. 210–222). Göttingen: Hogrefe.

Krapp, A. (2010). Interesse. In D. Rost (Hrsg.), *Handwörterbuch Pädagogische Psychologie* (4. Aufl., S. 311–323). Weinheim: Beltz.

Kuhn, B. (2009). *Fremdsprachen lernen. Vokabeln einprägen und Grammatik beherrschen*. München: Compact.

Lauth, G. W., Grünke, M. & Brunstein, J. C. (Hrsg.). (2014a). *Intervention bei Lernstörungen. Förderung, Training und Therapie in der Praxis* (2. Aufl.). Göttingen: Hogrefe.

Lauth, G. W., Grünke, M. & Brunstein, J. C. (2014b). Vermittlung von Lernstrategien und selbstgesteuertem Lernen. In G. W. Lauth, M. Grünke, & J. C. Brunstein (Hrsg.), *Intervention bei Lernstörungen. Förderung, Training und Therapie in der Praxis* (2. Aufl., S. 262–276). Göttingen: Hogrefe.

Leitner, S. (2011). *So lernt man lernen. Der Weg zum Erfolg* (18. Aufl.). Hamburg: Nikol.

Liedtke-Schöbel, M., Paradies, L. & Wester, F. (2013). *Erfolgreiche Lernberatung*. Berlin: Cornelsen.

Mandl, H. & Friedrich, H. F. (Hrsg.). (2006). *Handbuch Lernstrategien*. Göttingen: Hogrefe.

Mertens, J. U. & Kuhl, J. (2004). *Die Kunst der Selbstmotivierung. Neue Erkenntnisse der Motivationsforschung praktisch nutzen*. Stuttgart: Kohlhammer.

Metzig, W. & Schuster, M. (2009). *Lernstrategien wirkungsvoll einsetzen* (8. Aufl.). Berlin: Springer.

Naegele, I. (2011). *Jedes Kind kann lesen und schreiben lernen. LRS, Legasthenie, Rechtschreibschwäche – Wie Eltern helfen können*. Weinheim: Beltz.

Neuner-Anfindsen, S. (2005). *Fremdsprachenlernen und Lernerautonomie. Sprachlernbewusstsein, Lernprozessorganisation und Lernstrategien zum Wortschatzlernen in DaF*. Baltmannsweiler: Schneider.

Nicolaisen, T. (2013). *Lerncoaching-Praxis. Coaching in pädagogischen Arbeitsfeldern*. Weinheim: Juventa.

OECD (Hrsg.). (2004). *Lernen für die Welt von morgen. Erste Ergebnisse von PISA 2003*. Paris: OECD Publications.

Pallasch, W. & Hameyer, U. (2008). *Lerncoaching. Theoretische Grundlagen und Praxisbeispiele zu einer didaktischen Herausforderung*. Weinheim: Juventa.

Pant, H. A., Stanat, P., Schroeders, U., Roppelt, A., Siegle, T. & Pöhlmann, C. (2013). *IQB-Ländervergleich 2012. Mathematische und naturwissenschaftliche Kompetenzen am Ende der Sekundarstufe I*. Münster: Waxmann.

PISA-Konsortium Deutschland (Hrsg.). (2004). *PISA 2003. Der Bildungsstand der Jugendlichen in Deutschland – Ergebnisse des zweiten internationalen Vergleichs*. Münster: Waxmann.

Prenzel, M., Sälzer, C., Klieme, E. & Köller, O. (Hrsg.). (2013). *PISA 2012. Fortschritte und Herausforderungen in Deutschland*. Münster: Waxmann.

Rogers, C. (2010). *Die nicht-direktive Beratung*. Frankfurt am Main: Fischer.

Rohracher, H. (1988). *Einführung in die Psychologie* (13. Aufl.). München: Psychologie Verlags Union.

Roth, H. (1983). *Pädagogische Psychologie des Lehrens und Lernens* (16. Aufl.). Hannover: Schroedel.

Schiefele, U. (2008). Lernmotivation und Interesse. In W. Schneider & M. Hasselhorn (Hrsg.), *Handbuch Pädagogische Psychologie* (S. 38–49). Göttingen: Hogrefe.

Schräder-Naef, R. (2004). *Lern- und Arbeitsstrategien im Gymnasium. Lerntrainer für die Klassen 10 bis 13*. Weinheim: Beltz.

Sommer-Stumpenhorst, N. (2006). *Lese- und Rechtschreibschwierigkeiten: vorbeugen und überwinden*. Berlin: Cornelsen Scriptor.

Sparfeldt, J. R. & Buch, S. R. (2010). Underachievement. In D. Rost (Hrsg.), *Handwörterbuch Pädagogische Psychologie* (4. Aufl., S. 877–886). Weinheim: Beltz.

Vester, F. (1998). *Denken, Lernen, Vergessen. Was geht in unserem Kopf vor, wie lernt das Gehirn, und wann lässt es uns im Stich?* München: Deutscher Taschenbuch Verlag.

Weinstein, C. E & Mayer, R. E. (1986). The teaching of learning strategies. In M. C. Wittrock (Ed.), *Handbook of research on teaching* (3rd ed., pp. 315–327). New York: Macmillan.

Woolfolk, A. (2008). *Pädagogische Psychologie*. München: Pearson.

Anhang

Motivationstipps kurz und bündig

- Schiebe das, was du lernen musst, nicht auf. Tu's gleich! Der Ärger, den du später mit dem aufgeschobenen Lernstoff hast, ist sicherlich unangenehmer als die momentane Unlust.
- Wärme dich vor dem Lernstart auf. Räume den Arbeitsplatz auf. Beseitige das, was dich ablenken könnte. Atme tief ein und aus. Spanne deine Hände, Arme und Beine fest an und lass sie nach 10 Sekunden wieder los.
- Setze dir Ziele. Dabei kann dir ein kleiner Lernplan, auf dem geschrieben steht, was du erreichen möchtest, nützlich sein. Unterscheide dabei zwischen Muss- und Kannzielen. Hake ab, was du erledigt hast.
- Bewältige größere Lernaufgaben wie Klassenarbeiten und Facharbeiten nach dem Prinzip der schrittweisen Zielerreichung. Fange frühzeitig an und bewältige den Weg in Etappen.
- Belohne dich für die Erledigung von Lernaufgaben bzw. für das Erreichen von Zielen mit angenehmen Freizeittätigkeiten.
- Hast du eine gute Note erhalten, so werte diese nicht ab, indem du sie auf den Zufall oder auf die Leichtigkeit der Aufgaben zurückführst. Betrachte sie als Lohn deiner Anstrengung und als Beweis deiner Fähigkeit.
- Vermeide es, zu lange an einem Stoff zu lernen. Wirke der Übersättigung entgegen, indem du eine Pause einlegst oder einen anderen Lernstoff dazwischenschiebst.
- Sage nie vorschnell, dass du ein Fach oder einen Stoff nicht magst. Wenn du genauer nachdenkst, wirst du etwas finden, was dich interessiert oder neugierig macht.
- Informiere dich früh über Berufsziele und Weiterbildungsmöglichkeiten. Zielorientierungen üben auf das Lernverhalten eine wichtige Zugkraft aus.

Allgemeine Lerntipps kurz und bündig

- Schiebe das Lernen nicht auf. Tu's gleich, dann kannst du die Freizeit umso mehr genießen. Vergleiche die Vorteile rascher Erledigung mit den Nachteilen des Aufschiebens.
- Sei dir stets im Klaren, welche Schul- und Freizeittermine auf dich zukommen. Behalte den Überblick mithilfe eines Terminkalenders oder Terminposters.
- Bereite dich auf Klassenarbeiten nicht kurz vorher, sondern schon einige Tage früher vor. Teile den Vorbereitungsstoff in Portionen auf. Vermerke in deinem Terminkalender, wann du sie lernen möchtest.
- Führe ein Hausaufgabenheft. Trage darin deine schriftlichen und mündlichen Hausaufgaben ein. Erledige sie möglichst an dem Tag, an dem sie aufgegeben worden sind.
- Mache die Hausaufgaben zu festen Zeiten, wobei sich diese je nach Wochentag unterscheiden dürfen. Wenn dir der Hausaufgabenstart schwer fällt, fertige einen kleinen Tagesplan an. Hake ab, was du erledigt hast.
- Achte auf eine ordentliche Heftführung. Versieh deine Hefteinträge mit Überschrift und Datum. Schreibe und zeichne sauber. Arbeite Unterrichtsmitschriften zu Hause nochmals durch. Schlag nach oder frage nach, wenn du etwas nicht verstanden hast.
- Lerne möglichst immer am gleichen Arbeitsplatz. Räume ihn vorher auf. Lege Dinge, die dich ablenken könnten, weg. Schalte akustische Störquellen aus. Achte darauf, dass das Licht weder zu grell noch zu matt ist.
- Benutze beim Lernen mehrere Lernkanäle: das Auge, das Ohr, den Mund und die Hand. Das Anschauen und Durchlesen allein reichen nicht aus. Lies Wichtiges laut. Gib Lerntexte in eigenen Worten wieder. Unterstreiche Wichtiges. Schreibe Schlüsselwörter heraus. Fertige Zeichnungen und Skizzen an.
- Lerne nicht zu lange an einem Stück, sondern lege Pausen ein. Mache nach einer halben Stunde eine Minipause von etwa 5 Minuten, nach ein bis eineinhalb Stunden eine Maxipause von 15 bis 20 Minuten und nach spätestens drei Stunden eine Erholungspause von etwa einer Stunde.

- Lerne ähnliche Fächer (z. B. Englisch und Französisch) nicht hintereinander, weil es sonst leicht zu Verwechslungen kommt. Mache entweder eine Pause oder schiebe ein anderes Fach dazwischen.
- Prüfe am Ende einer Lerntätigkeit immer, ob der Lernstoff tatsächlich auch sitzt. Gib Wichtiges in Stichworten wieder. Beantworte Fragen. Löse Übungsaufgaben. Lass dich abhören.
- Gebrauche bei Merkproblemen Gedächtnisstützen. Verknüpfe den Lerninhalt mit Bildern, fasse die Anfangsbuchstaben wichtiger Begriffe zu einem Merkwort zusammen oder schmiede einen Merkvers.
- Arbeite lange Texte Schritt für Schritt durch. Überfliege den Text zuerst. Überlege dir Fragen, auf die du eine Antwort bekommen möchtest. Lies den Text gründlich. Fasse ihn zusammen. Kontrolliere abschließend, ob deine Fragen beantwortet sind.
- Wiederhole wichtigen Lernstoff in regelmäßigen Abständen. Erleichtere dir das Üben durch eine Lernkartei. Benutze entweder den herkömmlichen Lernkarteikasten oder verwende ein computergestütztes Lernkarteisystem.

Fachbezogene Lerntipps kurz und bündig

Lerntipps Deutsch

- Präge dir schwierige Wörter (z. B. Fremdwörter) mehrkanalig ein, indem du sie laut liest, dir innerlich vorstellst und schriftlich aus dem Gedächtnis abrufst.
- Verbessere die Rechtschreibsicherheit durch Techniken wie Ableiten und Verlängern. Ableiten heißt, danach fragen, woher ein Wort kommt (z. B. fällt von fallen). Verlängern (Hund – Hunde) hilft die Frage beantworten, ob im Auslaut ein harter oder weicher Konsonant steht.
- Erleichtere das Merken von Rechtschreibregeln durch Merkverse: Nach l, n, r das merke ja, steht nie tz und nie ck.
- Bist du bezüglich einer Schreibweise unsicher, errate sie nicht, sondern schlage nach.
- Hapert es mit deiner Rechtschreibung, führe auf der Grundlage der zuletzt geschriebenen Diktate eine Fehleranalyse durch. Stelle fest, welche Fehlerarten (z. B. Groß- und Kleinschreibung) wie häufig vorkommen. Baue deine Fehlerschwerpunkte durch gezieltes Üben und Wiederholen ab.
- Mach dich grammatikalisch fit, indem du ein Verzeichnis gängiger Fachwörter anlegst (Adverb, Präposition, Infinitiv, …). Lerne Grammatikregeln zusammen mit Beispielsätzen. Greife außerdem Sätze aus Texten heraus und überlege, welche Regeln in den Wörtern und im Satz zum Ausdruck kommen. Welche Zeit? Welcher Fall? …
- Trainiere deinen Sprachausdruck durch regelmäßiges Lesen, Briefeschreiben, Tagebuchschreiben und den Gebrauch von Synonymwörterbüchern („Wie sagt man noch?“).
- Eigne dir die Gestaltungs- und Stilregeln der verschiedenen Aufsatzformen an. Lies hierzu auch Musteraufsätze.
- Schreibe bei Aufsätzen nicht drauflos. Überlege zuerst, was mit dem Thema gemeint ist. Sammle dann Ideen und erstelle eine Grobgliederung: Einleitung – Hauptteil – Schluss.
- Halte beim Aufsetzen den Stil möglichst durch. Achte auf einen abwechslungsreichen Wortschatz und gute Wortwahl. Betrachte die Gliederungspunkte als Hinweise für neue Absätze. Vermeide Bandwurmsätze. Überprüfe während des Niederschreibens immer mal wieder, ob du beim Thema geblieben bist. Sieh den Aufsatz abschließend nach Rechtschreib-, Grammatik- und Ausdrucksfehlern durch.

- Erstelle eine Übersicht über die deutschen Literaturepochen, gegliedert nach Stilmerkmalen und wichtigen Werken.
- Lies in Lexika oder im Internet die Kurzbiografien von Schriftstellern und Dichtern, deren Werke zurzeit im Deutschunterricht behandelt werden.

Lerntipps Fremdsprachen

- Lerne Vokabeln mehrkanalig, indem du sie liest, sprichst, hörst und schreibst. Lerne sie nicht isoliert, sondern bette sie in Sätze ein. Kontrolliere mündlich und schriftlich durch Abdecken einer Spalte, ob sie tatsächlich sitzen. Lerne nicht alle Vokabeln auf einmal. Teile sie in Gruppen von 8 bis 10 Vokabeln auf.
- Schreibe schwer merkbare Vokabeln auf Lernkarteikarten. Auf die Vorderseite das fremde, auf die Rückseite das deutsche Wort. Wiederhole sie in regelmäßigen Abständen.
- Übe Grammatik, indem du Sätze aus Texten herausgreifst und überlegst, welche grammatikalische Regel darin zum Ausdruck kommt. Schlage im Grammatikbuch nach und überprüfe die Richtigkeit. Bilde zu grammatikalischen Regeln eigene Beispielsätze.
- Trainiere das Diktatschreiben, indem du dir kleine Texte von anderen diktieren lässt oder selbst diktierst. Letzteres bedeutet, dass du Texte mit langsamem Sprechtempo aufzeichnest, abspielst und schreibst (Selbstdiktat).
- Übe das Sprachverständnis und Sprachgefühl. Hierzu hast du verschiedene Möglichkeiten: fremdsprachige Bücher lesen und Hörbücher hören, Lieblingssongs übersetzen, fremdsprachige Zeitungen und Zeitschriften lesen, Online-Portale fremdsprachiger Zeitungen besuchen, fremdsprachige Filme sehen, sich in der fremden Sprache unterhalten.
- Wenn du einen fremdsprachigen Text ins Deutsche übersetzen musst, schreibe nicht drauflos, sondern erschließe zunächst den Textsinn. Lies den Text und unterstreiche die Hauptaussagen. Bleibe beim Übersetzen so nah wie möglich am Text- und Wortsinn, drücke dich so frei aus wie nötig.
- Fertige nach mehreren Klassenarbeiten eine Fehlerstatistik an. Finde heraus, welche Fehlerarten am häufigsten vorkommen (Satzstellung – Präpositionen – Perfekt – unregelmäßige Verben usw.). Schließe die Lücken mithilfe von Trainingsbüchern oder Trainingssoftware.
- Informiere dich über die Geschichte, Kultur und Bräuche des jeweiligen Landes. Nutze die Lernchance von Schüleraustausch und Sprachferien.

Lerntipps Mathematik

- Erledige mathematische Hausaufgaben möglichst an dem Tag, an dem sie aufgegeben worden sind, da der Stoff noch frisch im Gedächtnis ist.
- Versuche das, was du im Unterricht nicht verstanden hast, dir zunächst einmal selbst begreiflich zu machen. Wiederhole die jeweiligen Musteraufgaben schriftlich und rechne Übungsaufgaben. Lass dir erst dann von anderen weiterhelfen, wenn du den Stoff trotz eigener Bemühungen nicht kapierst.
- Überprüfe immer mal wieder, ob die einfachen Kenntnisse sitzen: Rechenfertigkeiten, Konstruktionsverfahren, Formeln, Merksätze, Abkürzungen.
- Löse Textaufgaben nicht überstürzt. Lies sie vorher genau durch. Stelle dir die Aufgabe genau vor. Mache gegebenenfalls eine Lösungsskizze. Verdeutliche, was gegeben und was gesucht ist. Überlege, welche Rechenverfahren zur Lösung führen können. Rufe bereits gerechnete Aufgaben in Erinnerung. Trenne Haupt- und Nebenrechnungen voneinander. Schreibe sauber und leserlich. Ziehe Linien mit dem Lineal. Hebe Teil- und Endergebnisse hervor. Mache Zwischenkontrollen. Überprüfe das Endergebnis nicht nur rechnerisch, sondern frage: Kann das wirklich sein? Schreibe den Antwortsatz.
- Falls Leistungsprobleme auftreten, fertige eine Fehlerstatistik an. Stelle auf der Grundlage von einer oder mehreren Klassenarbeiten fest, welche Fehlerarten (z. B. Bruchrechenfehler) am häufigsten vorkommen. Baue die Fehlerschwerpunkte durch gezieltes Wiederholungslernen ab.
- Wende die Mathematik im Alltag an: Wie groß ist die Fläche des Zimmerbodens? Wie viel Zins erbringt meine Spareinlage im Jahr? Wie viel muss ich von meinem Taschengeld monatlich auf die Seite legen, um einen MP3-Player kaufen zu können?

Lerntipps Biologie, Chemie, Physik

- Formuliere schwierige Lehrbuchtexte in eigene Worte um oder vereinfache sie durch Zeichnungen.
- Vertiefe und ergänze den Lernstoff durch das Nachlesen in Sachbüchern, Lexika und Internetportalen. Füge wichtige neue Informationen deinen Unterrichtsaufzeichnungen an.
- Lege ein Verzeichnis der gängigsten Begriffe, Symbole, Fachwörter und Formeln an.
- Überlege immer wieder, wie sich das, was du im Alltag beobachtest, mit physikalischem, chemischem oder biologischem Wissen erklären lässt.
- Führe in der Tier- und Pflanzenwelt Bestimmungsübungen durch. Verwende dabei Bestimmungsbücher.
- Vertraue beim Lösen naturwissenschaftlicher Aufgaben nicht der Rechengröße allein. Vergleiche die errechneten Zahlenwerte mit der Wirklichkeit: Kann das so sein?
- Unterstütze deinen naturwissenschaftlichen Wissenserwerb durch das Lernen mit Experimentierkästen. Was du „handelnd“ lernst, wirst du besser verstehen und behalten.
- Besuche technisch-naturwissenschaftliche Ausstellungen, Museen oder Sammlungen. Informiere dich dort gezielt über Themen, die in letzter Zeit im Unterricht behandelt worden sind.
- Achte bei Fernseh-, Hörfunk-, Internet- und Zeitungsberichten auf das, was Bezug zum gegenwärtigen Lernstoff hat. Notiere wichtige Informationen. Lade interessante Webseiten herunter. Schneide informative Zeitungsartikel aus.

Lerntipps Erdkunde, Geschichte, Gemeinschaftskunde

- Erstelle ein Verzeichnis der gängigsten Fachbegriffe und ihrer Definitionen.
- Präge dir gängige Kartenzeichen und Abkürzungen ein, um Karten routiniert benutzen zu können.
- Verbessere dein geografisches Vorstellungsvermögen durch Kartenposter, die du an der Wand deines Arbeitszimmers anbringst.
- Suche in Reisekatalogen nach Länderinformationen. Schneide sie aus und füge sie in dein Erdkundeheft ein.
- Stelle die wichtigsten Ereignisse einer Geschichtsepoche in Form einer Zeitschiene oder Zeittabelle dar.
- Besuche historische Ausstellungen sowie stadt- und regionalgeschichtliche Museen.
- Schau dir im Fernsehen historische Filme an. Schreibe wichtige Stichwörter mit. Schlage sie in deinem Lehrbuch oder im Internet nach.
- Wende dein gemeinschaftskundliches Wissen auf das gegenwärtige politische Geschehen an. Lies deshalb regelmäßig die Tageszeitung und schaue Nachrichtensendungen an.